本书是北京联合大学“高水平应用型大学建设”教改专项项目“提升大学英语教学效果的路径研究”（项目号：JJ2022Z36）的阶段性成果。

地方应用型高校大学英语教育创新理论与实践研究

叶秀娟　著

中国商业出版社

图书在版编目（CIP）数据
地方应用型高校大学英语教育创新理论与实践研究 / 叶秀娟著. -- 北京 : 中国商业出版社, 2024. 8.
ISBN 978-7-5208-3010-2
Ⅰ. H319.3
中国国家版本馆CIP数据核字第2024V8E286号

责任编辑：王　静

中国商业出版社出版发行
（www.zgsycb.com 100053　北京广安门内报国寺 1 号）
总编室：010-63180647　编辑室：010-83114579
发行部：010-83120835/8286
新华书店经销
北京虎彩文化传播有限公司印刷
*
710 毫米 × 1000 毫米　16 开　12 印张　160 千字
2024 年 8 月第 1 版　2024 年 8 月第 1 次印刷
定价：50.00 元
* * * * *
（如有印装质量问题可更换）

前言
Preface

当今时代，全球化进程加速推进，国际交流日益频繁，科技发展日新月异，我国的大学英语教育必须与时俱进，承担时代重托，培养担当民族复兴大任的高素质人才。地方应用型高校作为推进高等教育普及化的生力军，承载着为地方和国家经济社会发展培养应用型人才的重任，其大学英语教育在人才培养质量提升方面起到了不可替代的作用。本书正是基于这一背景，深入探讨地方应用型高校大学英语教育创新的理论和实践。

本书选取一所具有代表性的地方应用型大学作为研究样本，全面探讨了此类院校大学英语教育理念、教学目标、教学内容、教学模式以及教学环境等多个方面创新的理论基础和实践路径，深入剖析了影响大学英语教育创新的关键因素。

全书共八章。第一章首先阐述大学英语教育的重要性，分析大学英语教育当前面临的机遇与挑战，强调创新是必由之路。然后，针对地方应用型高校大学的特点，阐述此类院校大学英语教育创新的必要性，介绍本研究所选案例院校的基本情况、研究方法和数据收集。

第二章探讨教育教学理念的融合。作者简要概括了 OBE 理念和全人教育理念的内涵，探讨了两种理念在外语教育领域的运用及其局限性，指出两种理念应相互融合，运用于大学英语教育中。

第三章是教学目标制定。本章从教学目标的多层性出发，详细阐述教学目标的制定逻辑，分别讨论大学英语教育的宏观目标、中观目标和微观目标的制定方法，并结合案例学校进行深入分析。

第四章讨论的是教学内容的重构。本章首先分析教学内容重构的依据，在此基础上提出教学内容重构的实践路径，包括开发校本教学资源、挖掘教材育人元素以及融入中华文化元素等。

第五章探讨的是教学模式的创新。本章首先回顾大学英语教学模式的演变历程，梳理混合式教学模式的发展历程和研究现状。接着，通过案例学校的校本实践，重点分析混合式教学模式的“有效输入”“人机互动”“翻转课堂”“过程考核”四大板块，总结在线资源建设和推进教学模式改革的实践路径。

第六章探讨的是教学环境的构建。本章分为物理教学环境和社会心理环境两大部分。在物理教学环境方面，着重强调智慧教室运用于大学英语教育创新的现状与潜能；在社会心理环境方面，借用有效教学环境分析框架，从学习行为、人际支持和情境支持三个维度深入分析构建有效教学环境、实现教学环境创新的路径。

第七章先是对案例学校大学英语教育创新的成效进行论述，包括在人才培养、教学教研和社会影响等方面取得的成效。然后对教育创新的关键因素进行了反思，主要包括机制是保障、教师是关键和研究是引擎。

第八章是对全书研究成果的总结，概述了教学理念创新、教学目标创新、教学内容创新、教学模式创新和教学环境创新等方面的主要观点。同时，提出了研究的启示与应用，并展望了未来的研究方向。

本书源自笔者在大学英语教学、教学管理及教学研究领域多年的工作积累。希望通过本书的撰写，能够为同行提供有益的参照和启示，为推动地方应用型高校大学英语教育的创新与发展贡献一分力量。

在此，特别感谢张殿恩教授在本书撰写过程中给予的宝贵指导意见，以及封国华老师在资料收集和整理方面提供的大力支持。感谢外语部团队的每一位成员。正是团队多年来不懈努力所取得的丰硕成果，为这本专著的撰写奠定了坚实的基础。感谢我的家人，我永远坚实的后盾。感谢家人给予我无尽的理解、支持和帮助，使我能够顺利完成博士阶段的学习并取得博士学位，能够全身心地投入工作和研究，在创新的道路上不断前行。

叶秀娟

2024 年 4 月 10 日

目录
Contents

第一章

概述

第一节 大学英语教育的重要性

大学英语指为非英语专业大学生开设的英语课程。我国的大学英语教育可以追溯至19世纪下半叶在全国各地兴办的洋务学堂。中华人民共和国成立后，大学英语一直被称为“公共英语”。1985年2月，教育部印发的《大学英语教学大纲（高等学校理工科本科用）》正式使用“大学英语”一词。自此，“大学英语”逐步替代“公共英语”，成为大学阶段为非英语专业大学生开设的一系列英语课程的统称。

大学英语教育是大学外语教育最主要的内容，是普通高等学校通识教育的重要组成部分，在高等人才培养方面起到不可替代的作用，与国家和社会的发展、国际交流互鉴息息相关。

一、大学英语教育与人才培养

大学教育对人才的成长和发展起到了不可估量的作用。大学英语是高等院校通识教育不可或缺的构成部分，对提升大学生综合素养起到了重要的作用。大学英语课程不仅教授语言知识，还注重培养人文精神，培养学生的跨文化交流能力和思辨能力等综合素质。语言的学习承载着文化的学习。通过大学英语课程的学习，学生可以了解各国优秀的文明和文化，增进对不同文化的理解，拓宽国际视野，培养国际意识。这些素养的全面提高，有助于学生在未来的学习、工作和生活中发挥潜能，更好地适应和应对各种机遇和挑战。

从大学生的职业发展上看，大学英语教育为学生未来的职业发展提供了更多的可能性，奠定了坚实的基础。众所周知，英语是当今全球通用的语言。具备良好的英语能力，意味着能够更好地参与国际性的交流合作和商务往来，能够在全球范围内寻找更多的发展机会，并在职场上脱颖而出。

对于大学生而言，英语是获取国际前沿的学术知识、科学技术、管理经验和思想理念的必备工具。目前，众多国际期刊、学术论文和研究机构都使用英语进行学术交流。具备良好英语能力的大学生能够阅读并理解最新的研究成果，参与国际学术研究，在知识创新上发挥更大的作用。

二、大学英语教育与国家发展

大学英语教育与国家的经济、社会发展存在密切的关系。随着全球经济一体化的加强，英语作为国际通用语言，在国际交流、贸易投资、技术引进等方面发挥着重要作用。尤其是国际贸易，大学英语教育培养出的具备英语沟通能力的人才在促进国际贸易和投资中发挥重要作用。具备国际视野和跨文化交际能力的人才能够更好地参与国际竞争，推动国家经济的全面发展。

大学英语教育在科技、教育、文化等领域对国家软实力也产生着积极影响。英语教育有助于引进国外的先进科技和教育资源，推动国家的科技进步和教育创新。良好的英语水平和国际意识，有助于增进国际间的相互理解和友谊，提升国家在国际舞台上的形象和影响力。例如，中国举办奥运会、世博会等国际大型活动时，志愿者的优秀英语沟通能力向世界展现了国家开放、包容、自信的形象。

在全球化背景下，国家语言能力标志着一国的软实力，为国家的硬实力提供重要的支撑，构成国家综合实力的重要组成部分[①]。国家语言能力的构建

① 赵世举．全球竞争中的国家语言能力［J］．中国社会科学，2015（3）：105.

包括内部的语言战略和外部的语言战略，而外部语言战略的一大支柱就是外国语言的学习和教育。提升国家语言能力，外语教育是一大重要途径[①]。

三、大学英语教育与国际交流互鉴

大学英语教育在促进国际交流互鉴中发挥着重要的作用。通过学习英语，学生可以更深入地了解世界各国的文化，增进对不同文化的理解和尊重，增强对全球社会、经济、科技等方面发展动态的认知和理解。同时，通过英语课程，学生学会如何克服文化差异带来的障碍，掌握与不同文化背景的人有效沟通的技能，为未来推动国际合作和交流打下坚实的基础，促进文明之间的交流和互鉴。

大学英语教育有助于推动本国文化的国际传播。通过不同文化的对比和反思，学生更加深入地了解本国文化，欣赏本国文化，增强文化自信。大学英语教育注重培养学生讲好中国故事、传播中国声音的能力，使他们能够用英语自信地向世界介绍本国的历史底蕴、文化精髓和艺术魅力等。这不仅有助于本国文化在国际舞台上的广泛传播和交流，更为世界贡献中国智慧，促进国际文化的互学互鉴。

当今全球化的背景下，世界各国互鉴互通是大势所趋，国际社会日益成为一个你中有我、我中有你的命运共同体。构建人类命运共同体离不开卓越的外语复合型人才，离不开外语教育。教育部副部长吴岩在第四届全国高等学校外语教育改革与发展高端论坛所指出："高等外语教育关系到高等教育人才的培养质量，关系到中国同世界各国的交流互鉴，更关系到中国参与全球治理体系的改革建设。"[②] 大学英语教育承担着新时代的使命担当。

① 杨丹．大国语言战略：新时代外语教育的挑战与变革［J］．外语教学与研究，2024，56（1）：9.

② 吴岩．新使命 大格局 新文科 大外语［J］．外语教育研究前沿，2019，2（2）：3.

第二节 大学英语教育创新的必要性

当今社会瞬息万变，日新月异。科技的飞速发展、信息的爆炸式增长、世界格局的不断演变，都在以惊人的速度重塑我们的世界。这为大学英语教育提供了无限的可能性，也带来了不可避免的挑战。

一、大学英语教育面临的机遇

1. 全球化的深入发展

全球化的深入发展和"一带一路"倡议的推进凸显了外语教育的重要性。在全球化浪潮不断推进的国际大背景下，要增强我国的"文化软实力"，提升"国际话语权"，"能够体现中国立场、中国智慧、中国价值的理念、主张和方案"，外语教育扮演着举足轻重的角色[①]。英语作为国际通用语言，其重要性不言而喻。大学英语教育作为高等人才培养必不可少的一部分，应当积极应对全球化和国家发展带来的机遇，培养新型的复合型的外语人才。

"一带一路"倡议的推进急需大量的外语人才。2018年的全国教育大会强调，要大力培养具有全球视野、通晓国际规则、熟练运用外语、精通中外谈判和沟通的国际化人才，要有针对性地培养"一带一路"等对外建设急需的懂外语的各类专业技术和管理人才[②]。2018年9月，教育部印发《关于加快

① 吴岩．新使命 大格局 新文科 大外语［J］．外语教育研究前沿，2019，2（2）：5.
② 吴岩．新使命 大格局 新文科 大外语［J］．外语教育研究前沿，2019，2（2）：6.

建设高水平本科教育全面提高人才培养能力的意见》。该意见提出：主动服务国家对外开放战略，积极融入“一带一路”建设，培养具有宽广国际视野的新时代人才。“一带一路”沿线的国家和地区语言众多，涉及 60 多个语种和 200 多种语言，目前精通非通用语种的人才还十分匮乏，作为国际通用语言的英语仍然扮演着重要的角色，大学英语教育在为“一带一路”建设培养人才方面大有可为。

2. 数智技术的迅猛发展

数智技术的迅猛发展为大学英语教育提供了更多的可能性。随着新媒体、互联网技术、虚拟现实技术、人工智能技术等高科技的迅猛发展，大学英语教育可以通过技术赋能，不断创新，实现教学过程与教学环境的外延化。例如，新媒体技术可以为学生创设身临其境的学习环境，提供更多的语言实践机会，使英语学习变得更加灵活、有趣和高效。学生可以利用互联网和在线教育资源的优势，随时随地在线学习，利用虚拟现实技术提供的仿真环境进行沉浸式的社交互动。技术促进教育目标的达成，实现教育公平。人工智能是当前外语教育领域最有颠覆性的力量之一，可能会重塑外语学习的生态①。人工智能学习工具可以根据学生的学习习惯、能力和需求，推荐合适的学习资源，提供定制化的学习方案，开展自然语言对话，测评学习成果，帮助学生实现个性化自主学习。借助人工智能技术，英语教师能够实现精准化教学，满足不同学生的个性化学习需求，大大提高教学效率。人工智能技术的发展将会为大学英语教育带来更多超乎想象的变化。

3. 四新建设的推进

2019 年 4 月，教育部、科技部等 13 个部门联合启动“六卓越一拔尖”

① 杨丹. 大国语言战略：新时代外语教育的挑战与变革［J］. 外语教学与研究，2024，56（1）：6.

计划2.0，要求全面推进“四新”建设，即新工科、新医科、新农科、新文科建设，培养时代新人。2020年11月，教育部发布中国高校《新文科建设宣言》，随后启动新文科研究与改革实践项目，全力推动新文科建设迈向高潮。四新建设已经成为今后我国高等教育未来发展的重要任务和核心关注点。

在“四新”建设背景下，大学英语教育有着广阔的施展空间。新文科代表文科教育的革新与进步，其核心目的在于培育深谙中国文化、热爱祖国、能够肩负起民族复兴伟大使命的新时代文科人才[①]。外语教育本身就是“新文科建设的有机组成部分，也是新工科、新医科、新农科建设的有力支撑”[②]。无论是新工科培养的卓越工程科技人才、新医科培养的一流医学人才，还是新农科培养的新时代农学家，外语都是新人才获取世界前沿科学技术和开展跨文化沟通合作的有力工具；大学英语的人文性能够弥补长期技术训练可能引发的人文素养的缺乏，提升学生的创新能力和思辨能力，成长为有文化、有情怀、有思想、全面发展的拔尖人才。文科教育“关系到一个人的人格修养、审美情操、社会责任感等，关系到社会主义接班人的人生观、世界观、价值观，是观照理工农医发展的一盏灯塔”[③]。作为文科教育的外语教育也是这样一盏“灯塔”。

综上所述，大学英语教育面临着难得的历史机遇。大学英语教育要积极求变，及时更新教学理念、教学内容、教学模式，勇于突破，勇于创新，紧抓全球化浪潮、科技革新以及新学科发展的历史机遇，力求实现深远且全面的教育改革与变革，实现新一轮的内涵式发展。

---

① 何莲珍．服务高教强国建设，重构大学外语课程体系［J］．外语界，2023（5）：4.
② 向明友．新学科背景下大学外语教育改革刍议［J］．中国外语，2020b，17（1）：22.
③ 吴岩．新使命 大格局 新文科 大外语［J］．外语教育研究前沿，2019，2（2）：5.

二、大学英语教育面临的挑战

1. 科学技术的冲击

科学技术的迅猛发展给大学英语教育带来了前所未有的机遇，同时也伴随着不可避免的挑战。智能技术的普及大大降低了语言沟通的障碍，翻译工具能够解决日常生活、学习、工作中大部分的沟通问题。这可能导致学生对英语学习的重视程度减弱，甚至产生英语学习无用论，从而降低学习英语的动力和热情。

由于信息技术的普及和应用，学生可以便捷地获取海量的学习资源，自主学习。人工智能通过自然语言处理、机器学习等技术，能够实现与学生的智能互动，为学生提供个性化的学习资源和更加便捷的学习路径，还能够实时为学生答疑解惑。这在一定程度上削弱了教师在英语教学中的权威地位，引发了一系列的拷问：大学英语课程的价值何在？教师的价值何在？

目前很多大学英语教师仍以传统的英语教学模式为主，以教师为中心，忽视学生的主体性，无法应对技术的冲击，无法实现技术赋能英语教育。现代教育技术的迅猛发展对大学英语教师的专业素养和教学能力提出了极大的挑战。

2. 学生需求的多样化

随着时代的变化，大学生的英语学习需求日益多样化。如何满足不同学生的需求，提供个性化的教学服务，是大学英语教育需要直面的挑战。

首先，不同的学生群体有着不同的英语学习目标。例如，部分学生以考证为目的，参加大学英语四六级、雅思、托福等英语考试，通过获取证书，证明自己的英语学习能力和水平。部分学生希望通过英语学习，为未来的考研或出国留学做好准备。还有一部分学生则更关注是否能够在未来工作情境中熟练使用英语，因此更侧重提升实际的英语交流能力。

其次，学生在学习背景和英语水平等方面存在很大的差异性。随着英语学习的低龄化，小学生达到大学英语的水平也不再是凤毛麟角的现象。大学英语如何满足不同水平的英语学习者，特别是高水平英语学习者的需求也是很多高校亟待解决的问题。

最后，由于性格特征和学习风格的不同，学生对学习方式和学习途径也有不同的需求。例如，性格外向的学生通常喜欢互动性强、参与度高的学习方式，不怕犯错，乐于在小组讨论、角色扮演等互动活动中积极表达自己的想法，展示自己的语言水平。内向型的学生可能更倾向于传统的课堂模式，喜欢通过倾听教师讲解和学习课本来掌握英语知识。独立的学习方式比小组活动更让他们感到安全，更有成效。学习风格也会影响学生对英语学习方式的选择。比如，表格、图片或视频等视觉材料是视觉型学习者普遍喜欢的英语学习方式，而听觉型学习者则乐于通过听歌、看电影等来学习英语。

为了满足大学生多样化的学习需求，大学英语教育应提供丰富的课程设置体系，采取灵活多样的教学方式和策略，提供个性化的学习资源和支持，帮助学生实现自己的英语学习目标。然而，目前很多学校的大学英语课程还是大班上课，难以开展课堂互动，学生专业众多，教师也很难针对学生的不同需求开展特色的教学。这对大学英语的课程设置和课堂教学提出了极大的挑战。

3. 大学英语课时的缩减

近年来，大学英语课时缩减已是普遍现象。课时的缩减虽然有利于教育资源的优化配置，但确实也带来了一系列的挑战。如何在有限的时间内保质保量地完成教学，提高学生的英语水平，是大学英语教师普遍面临的问题。众所周知，英语学习需要时间投入、长期坚持。对于缺乏自主性、基础又较弱的学生来说，一周一次的课程安排难以起到显著的效果。大学生的课程众多，课后生活丰富，如何充分利用有限的课堂时间，充分延展课后的学习，寻找适合的学习方式，提高学习的效率，是每位大学英语教师和学生都应该思考的问题。

4. 大学英语教师发展的乏力

大学英语教师普遍是以教学为主，承担大量的教学任务，课时多、工作压力大。时代的发展不断地对大学英语教师提出了新的要求，需要教师不断学习，掌握新的教学技能和方法，应对挑战。但很多英语教师疲于应对教学任务，投身教学改革的动力不足。

大学英语教师队伍普遍年龄结构老化，高级职称和博士学历比例不高。20 世纪末中国的大学开始扩招，招生规模成倍增加，作为高校学生必修的通识课，大学英语需要大量的教师。21 世纪初，大量硕士甚至本科学历的毕业生入职高校走上大学英语的教学岗位。从 2008 年起，教育部逐渐控制高校扩招比例，同时，大学英语的课时也在缩减。双重作用之下，高校大大减少了大学英语教师的招聘，有的学校甚至几年都不引进一名新的大学英语教师。长此以往，大学英语教师队伍的年龄结构日益老化，21 世纪初入职的大批教师如今已经步入中年，学历提升和职称晋升空间有限，缺乏发展动力。

另外，大学英语教师也面临着科研的压力，职业发展面临困境。由于长期从事非英语专业的学生的英语教育，除了教学研究外，教师在专业领域的研究难以做到教研相长。全国大学英语教师队伍庞大，加上高水平外语研究类的期刊数量又十分有限，大学英语教师发表高水平论文的难度极大。在不开设外语专业的高校里，大学英语缺乏学科和专业建设，大学英语教师获得科研项目、经费支持、进修培训等发展机会相对较少。当前的教育环境中，科研成果往往被视为教师学术水平和职业发展的重要指标。从这个角度来看，大学英语教师的职业发展着实困难重重。

三、大学英语教育创新势在必行

作为大多数非英语专业大学生必修的公共基础课程和核心通识课程，大学英语教学必须与时俱进，承担时代重托，培养担当民族复兴大任的高素质人才。外语教育不仅承载着培养国际化人才的重要任务，更成为推动文化交流、增进国际理解的关键力量。外语教育要着重培养国家和社会需要的复合型外语人才，即具有丰富的专业知识、家国情怀、全球视野、跨文化沟通能力，并且能在“一带一路”建设、“文化走出去”和“构建人类命运共同体”等中发挥重要作用的人才[①]。大学外语要为国家培养更多具备国际胜任力的现代公民和能担大任、把握未来的领导者，为建设高等教育强国、提升国家软实力作出新的贡献[②]。

大学英语教育既面临着全球化、技术进步、四新建设等带来的机遇，也面临技术进步冲击、学生需求多样化、教师发展乏力等一系列挑战。为了应对这些挑战，大学英语教育必须积极应变，主动求变，不断创新，以满足新时代的需求。创新是高等教育的生命线[③]，是大学英语教育的生命线。

为了适应新时代的发展需求，近十年来，教育部先后就大学英语教育发布了多个重要文件，指导大学英语的创新发展。2015年，教育部高教司组织制定的《大学英语教学指南》发布，成为全国高校大学英语教育的重要参考依据。《大学英语教学指南》首次从国家战略需求的层面凸显英语的重要性，将教学目标细分为基础、提高和发展三个等级，为多样化和个性化给予了充分的关照，建构大学英语课程体系和综合评价体系，能力测评体系，重视现

① 戴炜栋．我国外语教育70年：传承与发展［J］．外语界，2019（4）：5.
② 何莲珍．新时代大学外语教育的历史使命［J］．外语界，2019（1）：12.
③ 吴岩．新使命 大格局 新文科 大外语［J］．外语教育研究前沿，2019，2（2）：5.

代信息技术的重要作用，强调信息技术与英语课程的融合，对教学管理和教师队伍建设提供了具体可行的指导意见。2016年，教育部高教司发布了《关于加强高校大学英语教学的指导性意见》。该意见提出了一系列具体措施，包括加强教学管理、提高教师素质、推进教学改革、加强教学资源建设等，旨在加强高校大学英语教学的指导和管理。2019年，教育部高等教育司将“推进公共外语教学改革”列为当年十项工作要点之一，要求在22所学校推进教学改革试点工作，在有条件的高水平大学试点开设第二、第三公共外语课程，培养“一精多会、一专多能”的国际化人才，服务新时代国家对外开放战略和“一带一路”建设。2020年，受教育部高教司的委托，高等学校大学外语教学指导委员会在继承的基础上，根据新时代的要求和教育部的重要文件，对2015版《大学英语教学指南》进行了修订，发布了2020版《大学英语教学指南》。这一版《大学英语教学指南》正是当前我国大学英语教育的纲领性文件。

这些纲领性文件为大学英语创新指引了方向。但具体到不同类型的学校，创新实践路径各有不同。高水平研究型大学的大学英语教育创新成果未必能够运用于解决地方应用型大学的大学英语教育的困境。因此，大学英语教育创新的探讨必须紧扣高校的定位和校情。另外，大学英语教育创新并非总是意味着翻天覆地的变革，它更多地体现在细微而深刻的改进与突破中。对于大学英语教师而言，教学创新是一个多维度、全方位的过程，可以从教学理念、教学目标、教学内容、教学方法、教学手段、教学环境、教学评价等多个环节入手，步步为营，久久为功，逐步提升教学效果。

第三节　地方应用型高校的大学英语教育

一、地方应用型高校的特点

本书探讨的是地方应用型高校的大学英语教育。聚焦地方应用型本科院校的大学英语是因为这一类型的高校具有独特的办学定位。它与研究型高校、特色型高校相比，不仅人才培养目标不同，而且在学生外语基础、学习需求和学习投入、教师水平和教学投入、硬件设备、实践机会等方面都存在差异。

根据教育部在 2024 年 3 月 1 日举行的新闻发布会公布的数据，截至 2023 年，我国的高等学校达到 3074 所，其中，普通本科高校 1242 所（含独立学院 164 所）。地方高校的数量占据了普通本科高校总数的绝大部分比例，数量庞大，分布广泛，是推进高等教育普及化的生力军。这些地方高校与区域经济社会发展的联系十分紧密，在服务地方经济社会发展方面发挥着重要的作用，为地方提供有利的人才支撑和智力支持[①]。

数量庞大的地方本科高校如何避免“千校一面”的同质化发展倾向，如何适应经济结构深刻调整、产业升级加快步伐、创新驱动发展战略实施等新形势变化，更好地促进国家和区域的繁荣发展，是当前高等教育面临的重要任务。2015 年，教育部联合多部委制定的《关于引导部分地方普通本科高校

① 李海萍，郝显露．地方本科高校分类转型发展：进程、反思及其建议［J］．湖南师范大学教育科学学报，2021，20（4）：104.

向应用型转变的指导意见》指出：要推动高校转型发展，引导部分地方普通本科高校向应用型转变。2017 年，《教育部关于“十三五”时期高等学校设置工作的意见》将我国高校分为研究型、应用型和职业技能型三大发展方向。中共中央、国务院 2019 年 2 月印发的《中国教育现代化 2035》、2020 年印发的《深化新时代教育评价改革总体方案》等重要文件都明确指出，要坚持推进高等学校分类发展，引导高校科学定位，探索特色发展的道路，继续推进地方高校的转型发展。

为落实国家关于高校转型发展的精神，地方政府纷纷出台相关政策，加快地方高校的转型发展。北京是全国高等教育资源最为丰富的省市之一。截至 2023 年年底，北京市普通高等学校共计 92 所，其中本科院校 67 所、专科院校 25 所，北京市属的公办本科高校有 21 所。2018 年 6 月，中共北京市委、北京市人民政府印发《关于统筹推进北京高等教育改革发展的若干意见》，要求各市属高校明确本校的办学类别，制订切实可行的改革方案。2020 年 5 月 6 日，北京市教委出台《北京市属公办本科高校分类发展方案》，将 21 所公办本科院校分为高水平应用型大学、高水平特色型大学和高水平研究型大学三种类型。根据《北京市属高校办学类别分类标准》，高水平应用型大学应面向城市、区域或行业领域办学，根据城市、区域或特定领域的需求设置本科专业，主要从事应用基础研究和应用研究。

地方本科院校的分类发展意味着不同类型高校的大学英语也有各自的类型定位。地方型应用型高校的大学英语应该服务为区域的经济社会发展培养高层次应用型人才的办学定位。那么，大学英语教育如何服务地方应用型高校的人才培养目标，是地方高校转型发展期亟待解决的研究问题。

然而，目前很少有专门针对地方应用型高校大学英语教育开展的深入研究。2014 年，三篇核心期刊文章首次探讨了应用本科高校的大学英语教育改革，这一举动与当年教育部提出的政策背景紧密相关。教育部在 2014 年明确指出，全国 1200 多所普通本科高等院校中，将有一半的高校逐步向应用技术型大学转型。董艳和柯应根[①]提出应用型本科高校的大学英语深化改革的目标和定位，认为大学英语的能力培养要服务职业取向；乔小六和吴中江[②]提出了应用型本科院校大学英语教学目标以需求为导向、课程设置“超市型”、教学手段“多模态”，学习评价多维化的改革思路；季静静[③]指出应正视学生的知识需求，改革教学模式和评价体系，优化教师队伍，使得大学英语教学有效衔接学生专业能力培养，从而培养应用型人才。这些研究多为理论探讨。之后，研究者相继探讨了应用型本科高校大学英语课程体系转向、教师思辨能力的调查与对策、大学英语学习环境的建构、大学生英语学习观念的调查与研究、大学英语教材开发和大学英语教师发展培训模型的建构。

以上研究聚焦大学英语教育的某个方面，通过调查、案例分析等研究方法，为应用型本科高校的大学英语教学提出了有益的思路。但是，现有研究还不够系统，对应用型高校的大学英语教学目标、教学内容、教学模式等方面的实践鲜有触及。在新的机遇和挑战的背景下，地方应用型高校的大学英语教育何去何从，从哪些方面创新，如何创新，这些问题亟须得到系统的回答。

二、案例学校的大学英语教育

本书以一所代表性的北京市属应用型本科综合院校为例，围绕大学英语

---

① 董艳，柯应根．应用型本科高校大学英语教学改革的定位研究 [J]. 江苏高教，2014（4）：99-100.

② 乔小六，吴中江．探索应用型本科院校大学英语教学新模式 [J]. 江苏高教，2014（6）：97-99.

③ 季静静．应用型本科英语教学与学生专业能力培养的衔接 [J]. 教育与职业，2014（33）：122- 123.

教育创新开展深入的讨论。该学校 1985 年经教育部批准成立，建校近 40 年来，学校秉承“办学为民，应用为本”的办学理念，实施“学术立校、人才强校、开放兴校”战略，现已经建设成为一所经、法、教、文、史、理、工、医、管、艺 10 个学科相互支撑，本科教育、研究生教育、继续教育和留学生教育协调发展的省级高水平应用型大学，也是北京市最大的市属综合性大学。

根据学校官方网站披露的数据，截止到 2023 年 9 月，学校有在籍学生 20300 余人，设有 14 个学院，63 个本科专业，其中 12 个本科专业获批为国家级一流本科专业建设点，22 个本科专业获批为省市级一流本科专业建设点。学校拥有北京学和工商管理两个北京市高精尖学科，拥有 10 个硕士学位授权一级学科点和 14 个硕士专业学位授权类别。

近年来，学校适应首都“四个中心”定位，服务首都高质量发展和京津冀协同发展战略，把握改革和发展契机，大力提升服务省市的能力和贡献度。经过近 40 年的建设，学校在应用型人才办学上已经形成鲜明的特色，成为北京市应用型人才培养的摇篮，为区域和国家的经济社会发展提供了坚实的人才保障和智力支持，先后为国家和省市培养了近 30 万名优秀人才，活跃在政府机关、国有大型企事业单位和高新技术企业等各行各业[①]。

学校下设外语部，拥有 100 名大学英语教师（数据截止到 2024 年 1 月），负责该校大学英语教学。大学英语教学面临着体量大、层次多、类型杂、校区多的困境。每学年有 9000 多名学生、近 300 个教学班必修大学英语课程，开课周期长、课时多。学生来自 10 大学科门类近 70 个专业，分为专升本、高职、贯通培养、本科、研究生多种层次，几乎每个层次都包含普通类、艺体类、听障类、视障类 4 种类型。学生学习特点差异显著，英语水平参差不齐，“一刀切”的教学无法适应多元化、差异化的英语学习需求。而且，由于

① 以上学校介绍与数据来自学校网站 https：//www.buu.edu.cn/col/col37654/index.html，2024 年 1 月 10 日读取。

历史和现实的原因，该校一直是多校区办学的模式。学校现有 8 个校区，百名大学英语教师分散在不同的校区，教学资源被稀释，统筹困难。

面对新时代的要求，结合复杂的校本实际，从 2014 年起，学校大学英语教学团队超前识变、积极应变、主动求变，在教学理念、课程设置、教学模式等方面进行了多年的创新与实践，破解发展困境，逐渐形成特色和亮点，取得了明显的成效。

本书基于笔者与团队在大学英语教育领域的多年建设经验，从教学理念、教学目标、教学内容、教学模式、教学环境等方面总结大学英语教育创新的理论，以所在学校为案例，分析创新实践，并对其进行反思，揭示影响创新的关键因素，希望能为同行提供些许有益的参考和借鉴。

三、案例的研究方法和数据收集

1. 研究方法

在案例学校的研究中，笔者采用“质”和“量”相结合的研究方法，主要采取以下研究方法。

（1）文献研究法

笔者依托国内外知名的学术数据库，如中国知网、Google 学术、Web of Science、Taylor & Francis、Google Books 等，查找教育教学相关的学术论文、研究报告、专著等文献资料。重点关注国内外英语教育领域的核心学术期刊，如《外语界》《外语教学与研究》《外语电化教学》《外语教育研究前沿》《现代外语》、*TESOL Quarterly*、*Applied Linguistics* 等，总结最新的研究成果和趋势。同时，收集近年来我国教育部门和机构发布的关于大学英语教育的相关文件和报告，如教育部高等教育司、地方教育委员会等，了解最新的教育政策和实践。关注国内外关于英语教育领域的重要学术会议，如全国大学英语教学研讨会、国际语言教育研讨会等，收集会议报告和会议论文，获取最新的研究动态和学术观点。

（2）案例分析法

选择具有代表性的教学创新案例，进行深入剖析，了解创新背后的原因、过程和影响。这种方法有助于揭示教学创新的内在机制和规律，为其他教师提供可借鉴的经验。从总体上看，本研究选择一家代表性的地方应用型大学作为案例，通过剖析教学各个方面的创新，为同类院校的大学英语教育提供参照。在微观分析上，即分析教学理念、教学目标设置、教学模式、教学环境创设等具体环节的具体创新时，笔者采用了大量的实践案例，为理论分析提供了生动、具体的例证，使读者能够更加直观地理解和感受创新在教学中的实际应用和效果，理解创新背后的理念、原则和方法，从而更好地将创新理念和方法应用于教学实践。

（3）行动研究法

行动研究法强调实践与理论的结合，研究者直接参与教学实践，在实际操作中发现问题、解决问题，通过观察、反思和改进来推动教学创新，并提炼出有效的创新策略。开展创新教育研究就像摸着石头过河，充满了未知与挑战。在这个过程中，教育研究者需要不断探索、实践、反思和总结，螺旋循环向上，在一个个问题的迎刃而解中逐步提炼出有价值的创新策略和方法，为今后的教学实践提供指导。笔者和团队从 2014 年开始建设在线资源，2016 年开始实践线上线下混合式教学模式。整个过程采用了行动研究，在实际操作中每个阶段都会聚焦实际教学中发生的矛盾。通过解决问题，不断完善团队提出的教学模式，探索出适应于应用型高校的大学英语教育实践路径。

（4）调查研究法

调查研究法通过问卷、访谈、观察等方式收集数据，了解教师、学生和其他利益相关者对教学创新举措的看法、需求和期望。调查研究法可以帮助研究者发现教学中的问题，为创新实践提供实证依据。笔者作为部门主管教学运行的负责人，主导多次大型问卷调查，调查师生对在线教学、线上线下混合式教学模式等的意见和建议。规模最大的一次是面向全校学生的在线英语教学满意度调查，有 4000 多名学生提交了调查问卷。笔者同时承担一线教学工作，在开展教学创新实践时，通过调查问卷、访谈、反思报告等形式收集数据，了解学生对教学创新的感知和看法。

（5）实验研究法

实验研究法通过设计实验组和对照组，对比不同教学方法、教学策略或教学技术、不同环境下对学生学习效果的影响。这种方法能够较为精确地量化教学效果，为教学创新提供科学依据。大学英语课程学生体量大，可以同时多个同级班并行上课。笔者所在的学校每学期有近 300 个班，一般每位教师承担 2~3 个班的教学工作。通过大一新生入学的分级测试，分出一级班、二级班和三级班。笔者和团队骨干在同级班进行教学实验，选择控制组和对照组，对比不同教学策略、教学环境、教学技术等对学生的影响。

2. 数据收集

笔者和团队通过多种方式收集大量的数据，保证研究的可靠性和有效性。

首先，通过高等教育出版社的 iSmart 平台、外语教学与研究出版社的 Unipus 平台等收集了大量的教学数据，包含上传的在线资源、师生线上活动时长和活跃度、在线作业布置与完成度、视频学习时长、测试完成度、师生出勤、问答参与等情况，为教学研究，尤其是线上线下混合式教学模式的研究提供了可靠的数据支持。

其次，本研究收集案例学校多年来的大学英语教育相关的政策、工作计划、工作总结、审核评估报告及整改方案、部门教改和专项建设方案、教学和研究成果数据、教学大纲、课程简介、教材、在线课程、教案、微教案等，在此基础上梳理案例学校多年来的教改历程和成效。

再次，本研究还通过课堂观察、课堂实录、说课视频、研讨记录等方式收集了 43 位教师的教学视频材料，并制作成光盘保存。这其中有多位教师的参赛资料，不仅包括录制的参赛课程授课视频、说课视频，还包括赛前准备的研讨内容、相关专家的点评、教师们对教学和比赛的反思和评价等，真实地记录了教师的教学设计、思路及背后的相关理念。

最后，本研究通过调查问卷、访谈、教学质量评价打分、反思报告撰写、作业、测试、社交平台等方式收集了大量教学过程中学生的反馈数据和成果数据，包括学生的学业成绩、思想动态、对课程的满意度、对教学方法或模式的接受度、对教学环境的满意度等。多种材料收集都与大学英语教育创新的研究目标和问题密切相关，保证了研究的可靠性和有效性。

基于以上的研究方法和收集的数据，笔者和团队全面、系统地研究新时代大学英语教育教学创新，为地方应用型高校的大学英语教育创新提供有益的参照，为与我国其他高校分享优质教学资源，促进教育公平的实践，提供良好的借鉴，也能为数智赋能教育改革发展提供有意义的理论和实践探索。

第二章

教育教学理念的融合

第一节 OBE 理念

OBE 理念在我国高等教育得到广泛的应用，尤其是工程教育领域。近年来，OBE 理念也被逐步扩展应用到通识教育和人文教育领域。目前 OBE 理念下的高校外语教育有哪些研究和实践？OBE 是否适用于高校外语教育？是否存在问题？本节就这几个问题展开探讨。

一、OBE 理念的内涵

OBE（Outcome-Based Education），即“以成果为基础的教育”，又称为“成果导向教育”，是 20 世纪 70 —80 年代开始兴起的一种教育理念和实践。90 年代，William G. Spady 撰写了《以成果为基础的教育：争议与辨析》（*Outcome-Based Education*：*Critical Issues and Answers*）一书，提出了后来被广为引用的 OBE 定义：OBE 是指根据所有学生在结束某一阶段学习后能够获得的成果来组织设计教育活动的一种教育模式[①]。根据 Spday 的论述[②]，OBE 包含两个关键目标和四项基本原则。

1. 两个关键目标

（1）确保所有学生获得满足特定学习结果所需的知识、技能和能力

OBE 旨在为学生提供在学习、工作和生活中取得成功所需的基本知识、

① SPADY W G. Outcome-based education：critical issues and answers［M］. Arlington，VA：American Association of School Administrators，1994：12.

② SPADY W G. Outcome-based education：critical issues and answers［M］. Arlington，VA：American Association of School Administrators，1994：1-25.

技能和能力。重点是学生在接受教育后实际能做什么，而不是他们学习了什么内容或者投入了多长时间。

（2）强化教育的责任和质量保障

OBE 强调定义明确的学习成果，并调整教学方法和评估，使其与预定成果保持一致。这为评价教学的有效性提供了框架，使教育者和教育机构能够衡量、评估学生的成绩，找到需要改进的部分，确保教育高质量且符合既定标准。

2. 四项基本原则

（1）清晰的焦点

OBE 强调明确定义学生在一个学习阶段结束时应该获得的知识、技能和能力，设定具体和可衡量的学习成果或目标。这些目标成果是教学计划、教学过程和评估的基础。教师和学生清晰地知道自己正在努力达到什么成果，为什么要达到这些成果。教育机构（如贯彻 OBE 理念的大学）清晰地构设所有学生完成阶段学习时（如毕业时）要达到的预期成果，并根据预期成果规划课程体系。

（2）向下的设计

在 OBE 中，课程和教学策略是基于预期的学习成果进行设计的。以预设的最终目标为起点，反向倒推，制定适当的教学方法和评估策略，确保教学活动与预期结果保持一致。这与传统的内容驱动的设计形成了鲜明的对比。

（3）较高的期望

OBE 对所有学生设定高期望值。OBE 认为所有学生都有能力取得显著的学习成果，并为学生创造支持性的、严格的学习环境，提供有挑战性、有意义的学习体验，使他们达到较高的期望成果。这一原则侧重挑战学生，鼓励教育者激发学生的潜力。

（4）扩大的机会

OBE 旨在提供多样化的学习机会和体验，提供多种成功途径，以满足学生的个性化需求和兴趣。这一原则促进教学方法的灵活性，鼓励个性化学习，并确保学生获得平等的教育机会。

以上四项原则是衡量教学活动是否贯彻 OBE 理念的标准。如果一个学校不是按照四项原则落实 OBE，就不能被称为真正的“以成果为基础的教育”。[①]

3.OBE 理念的广泛运用

OBE 理念以学生的学习成果为导向，以学生的预期要达到的成果为出发点，设计教育的整个体系和教学的整个过程，实现了从以“教”为中心到以“学”为中心的转变[②]，体现了以学生为中心的教育思想。同时，该理念高度重视社会环境对人才的实际需求，实现路径清晰可测，因此，在世界范围得到广泛运用，尤其是被广泛用于高等教育工程专业认证。经过不断地演化，现已经被拓展成工程专业认证流行的“学生中心、成果导向、持续改进”的理念。

OBE 理念大致在 2003 年被介绍到中国内地。2016 年，中国加入《华盛顿协议》，掀起了中国工程专业认证的高潮，贯彻专业认证的 OBE 理念也随之成为我国国内高等教育关注的焦点。从研究上看，近十年中国知网上关于 OBE 的研究成果成倍增加，呈“井喷式”增长；从实践上看，OBE 为我国高校的专业教育中带来了范式的转变。一些高校在 OBE 理念的指引下开展改革，如汕头大学的工程教育实践探索、清华大学的通识教育重塑。国家三级专业质量标准的制定、高校本科审核评估工作等也都体现了 OBE 理念。

综上所述，OBE 理念已经被普遍认为是追求教育卓越的正确方向，是值

---

① 姜波 .OBE：以结果为基础的教育［J］. 外国教育研究，2003（3）：37.

② 苏芃，李曼丽 . 基于 OBE 理念，构建通识教育课程教学与评估体系——以清华大学为例［J］. 高等工程教育研究，2018（2）：130.

得广大教育工作者借鉴的教育理念。笔者所在的地方应用型高校于2019年开始全面实施OBE理念，以新版课程教学大纲修订为契机，要求所有课程对标人才培养的最终成果进行反向设计。在这浓厚的OBE氛围里，笔者所在的外语部开启了OBE理念引导下的大学英语教育创新历程。

二、OBE理念与外语教育

尽管OBE理念在我国高等教育领域得到广泛的应用，但主要集中在工程教育领域。OBE理念同样适用于通识教育、人文教育。例如，清华大学受工程教育专业认证的启发，尝试将OBE理念引入通识教育课程建设，重塑课程，通过实践，发现OBE理念下的课程设计可以解决通识教育课程与通识教育目标之间普遍存在的逻辑对应不足问题①。

OBE理念也适用于外语教育。近年来，受专业评估和专业认证的影响，外语专业教育率先关注OBE。比如，严明在认证理念的指导下，以黑龙江大学为具体案例，对商务英语专业在培养目标、毕业要求、课程设置、教学要求以及教学评价等方面进行了全面而深入的明确要求和系统阐述②。姜霞和王雪梅以某双一流外语类大学为案例，以"综合英语"课程为研究对象，构建了以全球胜任力和语言能力发展为双重目标的OBE教学模式③。该模式在实际课程教学中得到了应用，并验证了有效性。淳柳等人研究以OBE理念为核心的研究生学术英语教学模式，发现这一模式与"双一流"建设背景下的研究生培养目标高度契合，有效推动了学生专业学术素养和实践应用能力的全面提升④。

---

① 苏芃，李曼丽．基于OBE理念，构建通识教育课程教学与评估体系——以清华大学为例[J]. 高等工程教育研究，2018（2）:129-135.

② 严明．认证理念驱动下的商务英语专业能力培养研究——以《黑龙江大学商务英语专业教学要求》为例[J]. 外语学刊，2019（3）: 69-72.

③ 姜霞，王雪梅．全球胜任力导向的"综合英语"OBE教学模式建构[J]. 中国外语，2023, 20（6）: 4-10+16.

④ 淳柳，郭月琴，王艳．"双一流"背景下基于OBE的研究生学术英语教学模式改革与实践——以中国石油大学（华东）为例[J]. 学位与研究生教育，2021（5）: 42-47.

在大学英语教育领域，已经有不少研究者尝试采用 OBE 理念指导大学英语教育的各个环节，如教学模式改革[①]、思辨能力培养[②]、课堂模式[③]、MOOC 课程设计[④]、翻转课堂[⑤]、课程评价[⑥]、教材开发[⑦]等。但 OBE 理念指导下如何制定大学英语的教学目标和课程体系，如何自上而下地影响教学内容的选择、教学模式的搭建、教学环境的创设，又如何评价完成目标实现的闭环，诸多问题鲜有系统的研究。

总体来说，OBE 理念在外语专业教育改革中的研究与实践成果充分展示了其对外语教育的积极指导作用，证明了该理念在外语教育领域的有效性和重要性。尽管 OBE 理念具有很强的适用性，但存在着一些自身的局限性。比如，教育的目标并非制造产品，不能像管理产品质量那样，完全从消费者的视角出发，或是以标准化的流程来审视教育过程[⑧]。OBE 理念强调对成果的明确定义，但教育过程中确实存在并非总是非常明确的目标导向，往往可能在一些看似不

---

① 李会菊．OBE 理念与翻转课堂结合下的大学英语教学模式改革研究［J］．长春工程学院学报（社会科学版），2016，17（4）：132-135.

② 沈岚，李忠民．OBE 为导向与双创项目融入相结合："专业 + 外语" 的思辨能力培养模式研究[J]．成都大学学报（社会科学版），2017（6）：104-109.

③ 王小琴．英语课堂模式及其形成性评价构建［M］．北京：中国书籍出版社，2023.

④ 汪潇潇，刘威童．基于 OBE 理念的 MOOC 课程设计与案例分析［J］．远程教育杂志，2017，35（6）：104-110.

⑤ 樊湘军，关兴华．成果导向教育理论在英语口语翻转课堂中的实证研究［J］．中国教育学刊，2017，（S1）：232-235.

⑥ 程京艳．基于 OBE 理念的大学英语课程体系综合评价研究［J］．外国语文，2023，39（5）：154-162.

⑦ 刘军，周俊华．OBE 理念下新时代应用型高校大学英语教材创新开发［J］．中国大学教学，2022（10）：90-95.

⑧ 张男星，张炼，王新凤，等．理解 OBE：起源、核心与实践边界——兼议专业教育的范式转变［J］．高等工程教育研究，2020（3）：114.

经意的过程中对学生产生深远而重大的影响①。人文社科教育尤其如此。这种潜在的功利化、僵化的倾向需要由更以人为本的教育理念来弥补。

第二节　全人教育理念

一、全人教育理念的内涵

全人教育理念是20世纪六七十年代在人本主义社会思潮的推动下兴起的一股教育思想流派，其源头可追溯至古希腊哲学家亚里士多德的自由教育论。自由教育论主张教育应追求人的自由发展和全面素养的提升。1988年，学者RonMiller正式提出“全人教育”的概念，标志着全人教育思想的正式确立②。

全人教育理念融合了“以社会为本”与“以人为本”两种教育观，强调价值理性。“全人教育”的对立面是“工具人”“机器人”的教育。全人教育理念旨在扭转教育目标的工具化倾向，致力于培养完整的人，在德、智、体、技、神等多个维度上实现全面和谐发展的人③。这一思想为教育领域注入了新的活力，指出了新的思考方向。

① 苏芃，李曼丽．基于OBE理念，构建通识教育课程教学与评估体系——以清华大学为例［J］．高等工程教育研究，2018（2）：131.

② 文旭，夏云．全人教育在外语教育中的现实化［J］．外语界，2014（5）：77.

③ 刘宝存．全人教育思潮的兴起与教育目标的转变［J］．比较教育研究，2004（9）：20.

1. 全人教育理念的基本主张

谢安邦等[①②]、魏清[③]、文旭等[④]针对这一教育观提出的基本主张大概可以归纳为如下六点。

第一，全人教育理念致力于全面挖掘个人的能力与潜力，实现人的整体发展。从全人的本质出发，精神性的培养尤为重要，超越单纯的物质追求。因此，教育应深入关注人的内在层面，包括智力、情感、想象力、创造力、同情心、好奇心、审美和精神潜能等多方面的培养，尤其要强调自我实现的重要性，使每个人都能达到自身潜能的最大限度的发挥。教育不仅是知识和技能的传递与训练，更应聚焦于人的内在情感与人格的全面发展，从而实现人的精神与物质的和谐统一。

第二，全人教育理念高度重视联系与关系的重要性，寻求个体间的相互理解，探寻生命的深层意义。在鼓励个人自我实现的同时，积极倡导真诚的人际交往和跨文化的理解，旨在构建一个包容与和谐的社会环境。在师生关系上，全人教育主张建立平等、开放、充满活力的互动模式，以激发学生的主动性和创造性。同时，它也强调生生、师生之间构建开放且平等的关系网络，通过相互尊重与合作，共同促进个体的全面成长。

第三，全人教育理念聚焦于人生经验的积累与深化，而非局限于狭窄的基本技能训练。它坚信教育的真谛在于成长、发现与视野的开阔，旨在引领学生探寻生活的理解和意义，从而超越传统课程、课本和标准考试的局限。

第四，全人教育致力于培养学生的思辨能力，引导他们对所处的文化、

---

① 谢安邦，张东海．全人教育的缘起与思想理路［J］．全球教育展望，2007（11）：48-52.

② 谢安邦，张东海．全人教育理念与和谐社会建设［M］．上海：华东师范大学出版社，2009.

③ 魏清．全人教育视野下的有效教学［M］．北京：社会科学文献出版社，2012.

④ 文旭，夏云．全人教育在外语教育中的现实化［J］．外语界，2014（5）：76-82.

道德、政治环境进行深刻的反思与审视。教育的目标不仅是复制现有的文化，更在于激发学生的创新精神，促使他们积极参与人类文化的创造与改造。

第五，全人教育尤其注重人文精神的培育与融合，主张在教育中更多地融入人文精神，通过人文的方法来达成全人发展的目标。这一主张并非否认科学的素养，而是避免过于侧重实用知识的传授而忽视文学、艺术等人文课程的滋养作用，从而导致文化底蕴和人文关怀的缺失，将人沦为物质生产的工具。

第六，全人教育鼓励跨学科互动与知识的综合整合，强调通过跨学科的学习来促进个体的全面成长。其核心理念在于，将知识人为地分割和孤立学习，导致我们看待世界的视角变得片面狭隘，进而限制了人的全面发展，使人沦为了单向度的工具。通过不同学科之间的交叉融合，我们才能超越学科界限，拓宽视野，将世界看成一个相互联系、不可分割的整体，更为全面地认识世界，更深入地理解问题，实现全面的发展。

2. 全人教育理念对高等教育的指导意义

全人教育理念提倡人与社会双重的价值，致力于培养具备健全人格、独立思考能力以及全面发展的人才。全人教育观与大学人文素质教育在核心理念上殊途同归，都将追求的价值目标聚焦于人的全面发展与提升。这不仅体现在知识层面的深化与拓展，更包括思维的培育与形成。同时，两者都强调人在社会中的相处之道，倡导人与人之间的和谐交际、有效合作、互帮互助与无私奉献。此外，两者共同关注人的社会态度，鼓励个体对社会整体保持高度的关注与积极的参与，以推动社会的进步与发展[①]。总体而言，全人教育理念展现出更为卓越、更为本质且更为深刻的教育内涵。

在当今的高等教育实践中，全人教育理念仍具有重要的指导意义。赵俊

① 刘东霞，于淑兰，滕越．全人教育观下高职英语教学实现人文素质培养的途径与方法［J］．职业技术教育，2015，36（17）：49.

亚[①]、李竹[②]、李湘萍[③]运用这一视角重新审视和评价高等教育，吴立保等[④]、蒋文昭[⑤]、彭明芳[⑥]关注全人教育理念在高等教学改革中的应用。研究表明，全人教育理念在高等教育中具有重要的理论意义和实践价值。

二、全人教育理念与外语教育

全人教育理念虽然源自西方，但与东方的教育观有着诸多共通之处。比如，中国古代教育家孔子倡导的“道德仁艺”教育实践就与全人教育理念有着异曲同工之妙，都强调在教育中注重人的品德修养和全面能力的培养。全人教育理念可谓是“中西共通的教育理念”[⑦]，可以为我国的大学英语教育提供重要的理论指引。

大学英语兼具工具性和人文性。长期以来，大学英语教育过度强调其工具性特质，过分聚焦于语言知识的灌输和技能的机械训练。学生的英语学习往往带有浓厚的功利色彩，过分追求实用性，目的是通过考试、获取证书，为未来的工作学习累积筹码。在这种模式下，教师主要承担传授语言知识的角色，而学生则主要致力于提升语言基本技能，如同在“工具人”的生产流

① 赵俊亚．全人教育的优势及对高等教育的启示［J］．教育与职业，2015（2）：170-171.

② 李竹．从专业训练到全人培养：大学教育目的的迷失与回归［J］．江苏高教，2018（8）：52-55.

③ 李湘萍．回归“人”的教育：论本科教育的使命与核心任务［J］．高教探索，2021（4）：48-54.

④ 吴立保，谢安邦．全人教育理念下的大学教学改革［J］．现代大学教育，2008（1）：69-74+112.

⑤ 蒋文昭．建构基于全人教育观念的教师角色：高校教学改革的一个视角［J］．中国大学教学，2010（8）：36-38.

⑥ 彭明芳．全人教育思想理念下的高校课堂教学范式改革探析［J］．中国成人教育，2014（10）：133-135.

⑦ 杨亚辉．全人教育：培养全面发展的人的一种视角——“中国百年教育历程：回顾与展望研讨会”综述［J］．中国高等教育，2010（12）：62.

水线上各司其职，最终产出的是一批批缺乏人文素养的“半人”。大学英语教育中的人文精神被严重忽视，学生的个性发展和人格完善受到压抑，难以真正展现和释放其作为“人”的独特存在。全人教育理念的引入将扭转大学英语教育中过于强调的工具性倾向，强化其人文性取向，从而引导学习者提升人文素养，拓宽视野，开阔思路，朝着成为“全人”的目标全面发展。

目前，外语教育研究者对全人教育理念的关注并不多。张欣[①]、胡潇译等[②]指出，广东外语外贸大学的李筱菊教授是较早的倡导者。20世纪80年代，她在借鉴全人教育思想的同时融合了中国传统文化的智慧，建构了独具中国特色的交际教学理念，践行了全人发展的外语教育。西南大学的文旭教授是对外语教育中的全人教育研究贡献最丰富的学者之一。他从多个维度对全人教育的理念和实践进行了系统的阐述，探讨了全人教育理念对我国外语教学的启示，积极倡导外语教育从复合型人才培养向“全人”教育的转变，倡导“教单科，育全人；教外语，育全人”[③④⑤⑥⑦⑧]。文旭教授探讨的更多是

---

① 张欣．新文科、大外语与英语专业“全人教育”培养路径［J］．外国语文，2020，36（5）：14-18.

② 胡潇译，张欣．跨文化视域下全人教育思想及其实践［J］．吉首大学学报（社会科学版），2021，42（4）：116-122.

③ 文旭．教单科，育全人——论专业外语教育中的全人教育［J］．中国外语教育，2014，7（3）：12-19+94.

④ 文旭，夏云．全人教育在外语教育中的现实化［J］．外语界，2014（5）：76-82.

⑤ 杨甜，文旭．从“自由”到“全人”——美国大学育人理念的嬗变及其对我国外语教学的启示［J］．外语教学理论与实践，2017（2）：50-56.

⑥ 文旭．全人教育视域下的外语人才培养[C]// 李渝凤．当代外语教育．北京：外文出版社，2018：1-5.

⑦ 文旭，司卫国．从复合型人才培养到“全人”教育——对我国外语人才培养的再思考［J］．山东外语教学，2018，39（3）：50-60.

⑧ 文旭，文卫平，胡强，等．外语教育的新理念与新路径［J］．外语教学与研究，2020，52（1）：17-24.

针对外语专业教育。其他一些研究者也是重在讨论全人教育对于外语专业人才培养的观照。例如，探讨英语专业“全人教育”的培养路径[①]，展示如何在“综合英语”教学中通过强化人文教育、培养思辨能力和学科交叉来实践全人教育[②]，将全人教育理念引入新时代法律翻译人才培养模式的构建[③]。

在这为数不多的研究中，运用全人教育探讨大学英语教育的更是寥寥无几。较早论及的是文章“全人教育理念下的大学教学改革”。吴立保和谢安邦指出，全人教育的哲学基础、学习观以及教育目标为大学英语教学改革提供了直接的指导意义[④]。他们在十几年前提出了打造以学习者为中心的整合课程、创造对学生有意义的学习经历、运用教育性评价等改革思路。这些改革思路对当下的大学英语教学仍有很大的借鉴意义。近年来，张学婷[⑤]、黄莹等[⑥]、郎佳等[⑦]、肖艳君[⑧]也探讨全人教育理念下的大学外语教育或大学英语教学改革，但讨论普遍缺乏系统性和时代性。

全人教育理念与高等教育的人文素质教育理念相互契合，与大学英语教

---

① 张欣．新文科、大外语与英语专业“全人教育”培养路径［J］．外国语文，2020，36（5）：14-18.

② 曾姝．全人教育视阈下的综合英语教学改革探析［J］．江苏外语教学研究，2019（4）：12-14+25.

③ 黄春芳，张法连．“全人教育”理念指导下的法律翻译人才培养模式探索［J］．外国语文，2019，35（6）：11-15.

④ 吴立保，谢安邦．全人教育理念下的大学教学改革［J］．现代大学教育，2008（1）：69.

⑤ 张学婷．全人教育视角下的大学英语教学研究［J］．中国民航飞行学院学报，2016，27（3）：73-75+80.

⑥ 黄莹，汪静静．大学英语教学中“全人教育”的践行［J］．安徽文学（下半月），2016（9）：148-149.

⑦ 郎佳，郭增卫．全人教育理论下的外语教育研究［J］．内蒙古师范大学学报（教育科学版），2017，30（4）：107-109.

⑧ 肖艳君．“全人教育”理念下创新型外语人才培养研究［J］．开封教育学院学报，2018，38（8）：100-101.

育的改革创新趋势不谋而合。全人教育理念对大学英语教育具有重要的启示作用，应该加以更多的关注和实践。

第三节 教育教学理念的融合

尽管 OBE 理念具有很强的适用性，但存在潜在的功利化、僵化的倾向，这恰好可以由另一种教育理念来弥补——全人教育理念。全人教育理念旨在扭转教育目标的工具化倾向，致力于培养“完整的人”。但全人教育理念的落地确实存在着缺乏系统性、可操作性、可测量性的问题，而 OBE 理念带来的范式恰好能解决这个问题。

教学理念是教学活动的指南，直接或间接地决定课程目标、课程内容和教学方法。在全人教育理念和 OBE 理念的指引下，大学英语教育通过教学目标的确定、教学内容的选择、教学活动的开展、教学评价的实施支撑了培养“完整的人”这个终极目标。这个目标是系统且具体的，可分解为可测量、可评价的二级、三级目标，自上而下地指导教学的各个环节，教学环节自下而上地支撑目标的实现，形成完整的闭环。大学英语教学的各个环节，都渗透着 OBE 理念和全人教育的理念的交叉融合。

第三章

教学目标的制定

第一节 教学目标的制定逻辑

现代课程论强调，在编制科学的课程时，目标设定、内容选择、课程组织和效果评价是不可或缺的四个核心要素①。其中，目标设定更是被视为整个过程的关键所在。对于教学活动而言，教学目标的设定不仅是设计的起点，更是保障有效教学的基石。明确的教学目标能够激发学生的学习热情，促使他们刻苦钻研；相反，含混不清的教学目标可能会导致学生失去学习的动力，产生懈怠的情绪，不仅影响教学效率，也会降低学生对课程的满意度。

在大学英语教学领域，教学目标的定位尤为重要。模糊的教学目标往往是导致大学英语教学“费时低效”的根源，也是造成大学生对英语教学普遍不满的关键因素之一②。更为严重的是，当教学目标不够明确和清晰时，大学英语四、六级考试等标准化测试可能会无形中成为“隐性课程大纲”，左右着实际的教学内容和方法，使得大学英语教学偏离其应有的轨道③。因此，为了确保教学的质量和效率，我们必须从一开始就设定明确、具体的教学目标。

① 泰勒．课程与教学的基本原理［M］．施良方，译．北京：人民教育出版社，1994.

② 蔡基刚．全球化背景下我国大学英语教学目标定位再研究［J］．外语与外语教学，2012b，(3)：5-8.

③ 蔡基刚．大学英语教学：回顾、反思和研究［M］．上海：复旦大学出版社，2006：116.

一、教学目标的多层性

大学英语并非仅限于一门基础语言课程，而是由一系列课程构成的全方位课程体系，旨在服务于人才培养[①]。因此，大学英语的教学目标是一个多层次、自上而下的体系，蕴含着丰富的内涵，可以分为宏观层面、中观层面和微观层面。宏观层面是大学英语所有课程共同追求的总目标，它既可以参照大学英语课程指南的规定，也可以结合各校特色，形成具有校本特色的教育目标，直接影响大学英语课程体系的整体规划和设置，指导中观目标和微观目标。中观层面是每一门具体大学英语课程的教学目标，如“大学英语Ⅰ”“跨文化沟通”等课程的教学目标。课程目标各自承载着独特的使命，最直接地反映在每一门课程的大纲之中。再进一步细化，便是更为具体的单元目标和课堂目标。这些微观目标以教案的形式生动地展现出来，为教师的教学活动提供了明确的指导。微观目标是宏观目标的实现方式和手段。

值得注意的是，大学英语的目标定位并非一成不变，而是一个随着时代变迁而不断调整的过程。在20世纪，我国大学英语的主要目标是培养学生的语言技能和素质，这一目标的设定成功地培养了大批能够熟练使用英语进行交流的外语人才，为当时经济、社会发展提供了有力的人才支持。然而，随着全球化的不断深入、中国国际化地位的日益提升以及大学生英语水平的普遍提高，原先以“抓语言基础”为主的目标已经难以适应新时代的挑战。因此，清晰地定位教学目标，使之与时俱进，成为每一位教育规划者、课程承担者的首要任务。

① 胡杰辉．目标导向的大学英语课程体系研究［J］．中国外语，2014，11（6）：4.

二、教学目标的制定逻辑

根据 OBE 理念的向下设计原则，培养目标的确定是目标设计的起点，是课程教学目标制定的基础。培养目标是指学生在完成某一阶段或整个教育过程后应达到的综合能力和素质要求。在高校的教育体系中，通常会制定两个层面的培养目标：学校层面的人才培养目标和专业层面的人才培养目标。这些目标旨在全面描述学生在完成某一学习阶段或整个教育过程后应达到的综合能力和素质标准。在制定培养目标时，逻辑起点应聚焦于内外需求的综合考虑。李志义认为①，外部需求包括国家、社会及教育发展的宏观要求，行业、产业的发展趋势及职场对人才的具体需求，以及学生家长和校友对学校教育成果的期望。学校的定位及发展目标，学生个人发展的期望以及教职员工对教育质量的追求等，共同构成了内部需求的核心内容。基于内外部需求的深入调查和分析，可以确定毕业生在毕业后一段时间内（通常为 5 年左右）应达到的职业和专业成果。这些预期成果就构成了培养目标，成为这个阶段所有教学活动的基础和导向。根据全人教育的理念，大学教育要致力于培养“完整的人”，德、智、体、技、神等多个维度上实现全面和谐发展的人②。培养目标的制定尤其要关注学生的全面发展。

毕业要求作为教育过程中的关键环节，是根据培养目标制定的，旨在明确学生在毕业时应达到的知识、能力和素质水平。为了确保毕业要求的全面性和可操作性，通常会将其细化为一系列具体的指标点。根据细化的毕业要求指标点，教育规划者规划出相应的课程体系，确保每一门课程都能有效地支撑毕业要求，每一个毕业要求指标点都得到一组课程的支撑。在这一过程

① 李志义．成果导向的教学设计［J］．中国大学教学，2015（3）：32.

② 刘宝存．全人教育思潮的兴起与教育目标的转变［J］．比较教育研究，2004（9）：20.

中，不仅需要考虑课程的设置和安排，还需要关注课程之间的衔接和互补，以确保学生能够在整体上形成完整的知识、能力和素质结构。

在 OBE 理念的指导下，培养目标、毕业要求和课程体系设计共同构成了其宏观设计的核心框架，呈现在专业培养方案之中。专业培养方案作为整体框架的缩影，不仅明确了学生在完成学业后应达到的综合能力和素质，还详细规划了达成预期成果的具体路径。而课程教学大纲的制定，则是将宏观设计转化为微观教学实践的关键步骤。在这一过程中，课程目标的确定显得尤为重要。它直接关联到教学内容的选择、教学方法的运用以及评估方式的确定，是整个教学大纲设计和实施的核心所在。在 OBE 理念下，课程目标的确定并非随意而为，而是以毕业要求为逻辑起点[①]。课程目标必须紧密支撑毕业要求的达成，确保学生能够通过课程学习逐步达到预期的指标点。

英语课堂教学目标是根据课程目标的具体要求，针对每一堂课或每一个教学单元而设定的教学目标。这是落实课程目标的关键途径，也是实现人才培养目标的“最后一公里”。课堂教学目标的设计，直接反映在课堂的教案之中，犹如一根“指挥棒”，引领教师在一节课中作出关键决策。它决定了教学内容的遴选和重难点的确定，指导了教学方法和手段的选择，贯穿教学活动的设计，并影响了课后任务的安排。通过精心设计的课堂教学目标，教师能够更有针对性地组织教学活动，确保学生在课堂上的学习更加高效和有序。总体来看，教学目标的制定逻辑如图 3.1 所示。

---

① 李志义，王泽武．成果导向的课程教学设计［J］．高教发展与评估，2021，37（3）：92.

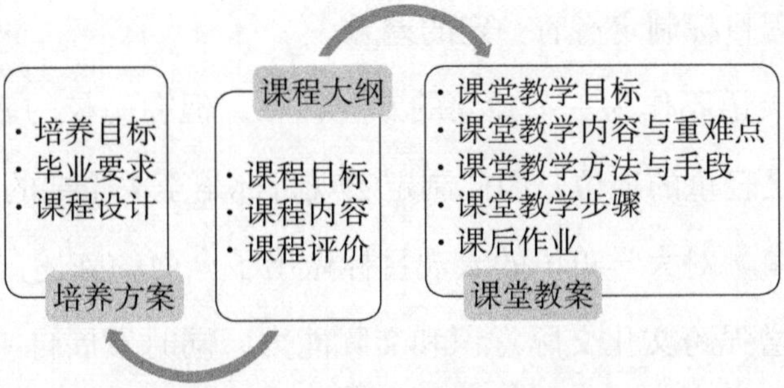

图 3.1　教学目标的制定逻辑

通过这样的层层递进和相互关联，培养目标、毕业要求、课程目标、课堂教学目标形成了一个紧密的体系。培养目标为整个教育体系提供了宏观指导，它定义了教育的终极目标和方向；毕业要求则将这些目标具体化到课程层面，为每一门课程设定了明确的学习成果要求；而课程目标则是实现这些要求的关键途径，它确保了每一门课程都能有效地支撑学生达到预期的学习成果。课堂教学目标是课程目标在教学实践环节里的落实。通过每节课的落实，共同完成课程目标，支撑毕业要求和人才培养目标。课堂教学目标是课程目标在具体教学实践中的细化与贯彻。通过每一节课的精心组织和实施，课堂目标得以逐步达成，进而共同构筑起完整的课程目标体系，为毕业要求的达成和人才培养目标的实现提供坚实的支撑。

第二节　大学英语教育宏观目标

一、宏观目标的制定

大学英语教学目标的制定应当需要遵循 OBE 理念和全人教育理念下的教学目标制定逻辑，但由于大学英语不涉及制订专门的培养方案，与专业培养目标和一般课程目标制定有着一定的差异。

尽管大学英语不作为一个独立的专业存在，但在高校的教育体系中，它依然占据着举足轻重的地位，因此制定宏观目标是至关重要的。事实上，《大学英语教学指南》对大学英语的宏观目标做出了全面的陈述："培养学生的英语应用能力，增强跨文化交际意识和交际能力，同时发展自主学习能力，提高综合文化素养，培养人文精神和思辨能力，使学生在学习、生活和未来工作中能够恰当有效地使用英语，满足国家、社会、学校和个人发展的需要。"①这个宏观目标渗透着全人教育理念，不仅关注知识和技能，即英语应用能力、跨文化交际能力、自主学习能力，还关注精神和素养，即综合文化素养、人文精神和思辨能力，从多个维度上实现全面和谐发展的人。

《大学英语教学指南》不仅是各高校制定大学英语教学大纲的重要依据，也是各门具体大学英语课程教学目标设定的主要参考。它犹如一座灯塔，指引着教学目标的设定，确保它们与未来工作需求、国家和社会的发展需要紧密相连。在这个意义上讲，它扮演着类似 OBE 教学设计框架中"培养目标"的角色。

大学英语教育目标的设定需要体现校本特色。蔡基刚教授认为，不同学校应根据自身的定位、学科类型、专业需求以及学生英语水平来确定不同侧重点、个性化的教学目标②。束定芳教授指出，宏观目标的制定应基于学校对学生英语语言能力的具体要求以及大学英语课程标准等因素③。根据 OBE 理念，大学英语的校本宏观目标还需与学校的人才培养总目标相互参照，确保

① 教育部高等学校大学外语教学指导委员会．大学英语教学指南［M］．北京：高等教育出版社，2020：3.

② 蔡基刚．关于大学英语课程设置与教学目标——兼考香港高校大学英语课程设置［J］．外语教学与研究，2011，43（4）：616.

③ 束定芳．课堂教学目标设定与教学活动设计——基于第四届"外教社杯"全国高校外语教学大赛听说组比赛的分析［J］．外语界，2014（4）：55.

目标的设定既符合《大学英语教学指南》的要求，又能体现学校的校本特色。

二、课程体系的设计

大学英语课程体系的规划，落实到实操层面上，就是课程的设置。各高校应立足自身实际，构建“反映本校特色、动态开放、科学合理的大学英语课程体系”[①]，帮助学生构建完整的外语知识、能力和素质结构，这一观点在学术界已得到广泛认同。然而，关于大学英语课程体系的设置，学界在十多年前曾展开激烈的讨论。围绕通用英语是否继续占统治地位，不同学者提出了不同的观点。例如，蔡基刚[②]认为通用英语不应存在，应该由学术英语和专门用途英语替代；胡开宝、谢丽欣[③]则坚持通用英语和通识英语教学占主导，学术英语作为辅助；殷和素、严启刚[④]、文秋芳[⑤]等学者提出折中观点，认为专门用途英语与通用英语应并存，并相互补充。经过深入的学术探讨，现在学界已基本形成共识：目前，体现高等教育特色、具备较高语言与认知复杂度的通用英语仍是大学生的主要需求[⑥]。对于地方应用型高校而言，更是如此。

《大学英语教学指南》对课程设置提出了清晰的指导建议。根据该指南，大学英语课程被划分为通用英语课程、专门用途英语课程和跨文化交

① 向明友．试论大学英语课程体系建设［J］．中国外语，2016，13（1）：5.

② 蔡基刚．关于大学英语课程设置与教学目标——兼考香港高校大学英语课程设置［J］．外语教学与研究，2011，43（4）：609-617+641.

③ 胡开宝，谢丽欣．我国大学英语教学的未来发展方向研究［J］．外语界，2014（3）：12-19.

④ 殷和素，严启刚．浅谈大学英语通识教育和专门用途英语教学的关系——兼论新一轮大学英语教学改革发展方向［J］．外语电化教学，2011（1）：9-14.

⑤ 文秋芳．大学英语教学中通用英语与专用英语之争：问题与对策［J］．外语与外语教学，2014（1）：1-8.

⑥ 王文宇，王海啸，陈桦．构建具有校本特色的个性化大学英语课程体系［J］．中国外语，2018，15（4）：19.

际课程三大板块，每个板块又进一步细分为基础、提高和发展三个层级，可设为必修、限定选修和任意选修三种课程类型，为学生提供更多的选择空间。

1. 通用英语课程

通用英语课程聚焦于提升学生的英语语言技能和传授语言基础知识，致力于为学生打下坚实的语言基础。此类课程注重“增加学生在社会、文化、科学等领域的知识储备，拓宽国际视野，提升综合文化素养，树立正确的世界观、人生观、价值观”①。

在通用英语课程的设置中，基础级课程和提高级课程的主要区别在于语言技能和语言知识的难度与广度。基础级课程主要侧重于基本语言技能的培养和基础语言知识的传授，确保学生能够初步掌握英语交流的基本能力。而提高级课程则在基础级的基础上，进一步提升学生的语言应用能力和复杂语言知识的掌握，以满足更高级别的学习需求。发展级课程建立在基础级和提高级的基础之上，更加注重对学生语言应用能力的拓展训练。在这一阶段，课程不仅要求学生能够熟练运用英语进行口头和书面表达，还注重培养学生的思辨意识和逻辑思维能力。此外，发展级课程还旨在为学生参加国际学术会议等高水平活动奠定坚实的基础，帮助他们在国际舞台上更好地展示自己的才华和实力。

对于地方应用型高校来说，通用英语课程是大学英语课程体系里最重要的部分。学生在初入大学时，由于个体差异，他们的语言基础知识和语言使用能力都相对有限，英语水平参差不齐。针对这种情况，地方应用型高校要切实抓好通用英语教学，细化分级分类教学策略，才能为学生的后续个性化

---

① 教育部高等学校大学外语教学指导委员会．大学英语教学指南［M］．北京：高等教育出版社，2020：10.

学习和专业英语学习打下坚实可靠的基石。

2. 专门用途英语课程

专门用途英语课程旨在“增强学生使用英语进行专业和学术交流、从事工作的能力，提升学生学术和职业素养”[①]。这一类课程与学科、专业、职业紧密相连，可以分成学术英语和职业英语两大课程群。其中，学术英语进一步细分为通用学术英语和专门学术英语。这些课程也可以按照基础级课程、提高级课程和发展级课程三个级别设置。

对于英语基础扎实、学习动机强烈的学生，地方应用型本科院校可结合专业特点与实际需求，开设专门用途英语课程，尤其是职业英语课程群。在高年级的实验班，可逐步开展双语教学，推行双语教学模式，即使用英语作为授课语言开设专业课程，以进一步增强学生在专业领域内应用英语的能力。相对而言，学术英语课程在地方应用型大学的需求并不特别突出，因此可作为选修课提供，旨在帮助学生提升学术语言表达能力，熟悉国际学术规范，为其将来进入全英文专业课程或研究生阶段学习奠定坚实的基础[②]。

3. 跨文化交际课程

跨文化交际课程的核心目标在于进行跨文化教育，旨在“让学生了解中外不同的世界观、价值观、思维方式等方面的差异，培养学生的跨文化意识，提高学生社会语言能力和跨文化交际能力”[③]，培养出具有国际视野的“全人”。这类课程不仅限于以“跨文化交际”命名的课程，更包括不同文化的历史、社会、哲学、文学等丰富内容，具有很强的人文性特征和丰富的文化内

---

① 教育部高等学校大学外语教学指导委员会．大学英语教学指南［M］．北京：高等教育出版社，2020：11.

② 郑大湖．基于需求分析的大学英语多元课程体系构建［J］．外语界，2016（6）：53.

③ 教育部高等学校大学外语教学指导委员会．大学英语教学指南［M］．北京：高等教育出版社，2020：11.

涵，如西方文明史、中西文化对比、英美文学赏析、英语新闻导读、英语演讲等。

跨文化交际课程不仅让学生学习世界文化，也让学生在通过文化差异的视角加深对中国文化的理解，提升用外语传播中国文化的能力，为“中国文化走出去”贡献力量。地方性应用型高校应当重视跨文化课程的开设，可以作为选修课或达到通用英语基础目标后的必修课。

在课程设计过程中，既要充分考虑学校定位、人才培养目标和毕业要求，也要深入剖析学生的语言水平、学习动机以及师资条件。基于这些实际状况，分层次、分阶段地合理配置通用英语、专门用途英语和跨文化交际三类课程，打造多样化、特色化、动态化的大学英语课程体系。此外，根据《大学英语教学指南》的倡议，可以通过在线课程的建设，实现课堂教学与在线学习的无缝对接，进一步推动大学英语课程体系的优化与发展。

三、案例学校分析

1. 案例学校的大学英语教育宏观目标

以笔者所在的高校为例，作为北京市属应用型综合院校，该学校对于人才培养的定位非常明确，即致力于培养高水平的应用型人才。2019 年制订人才培养方案时，学校全面实行 OBE 理念。结合国家战略发展、地方对人才的需求和本校的实际，学校确定了本科专业人才培养的总目标为：培养信念坚定、知行合一，基础知识扎实、实践能力强，具有较强的社会责任感、创新创业精神和可持续发展能力的高素质应用型人才。在 2023 年版的人才培养方案中，学校进一步回应了科技发展的时代需求，强调了塑造时代精神、涵养中国价值、应对世界挑战的重要性。为此，学校提出了“家国情怀 + 专业知识 + 信息技术 + 职业素养 + 国际视野”的五维素质能力要求，旨在培养德智体美劳全面发展，具有基础理论和专业知识，富有创新精神和实践能力的高水平应用型人才。这一目标的更新，不仅体现了学校对于人才培养的深入思考和前瞻布局，也为学生的成长提供了更加广阔的空间。

在这样的背景下，该学校外语部根据《大学英语教学指南》的精神，结合学校的人才培养目标，制定了本校大学英语教育的总目标。这一目标强调培养学生的家国情怀、全球视野、英语应用能力和跨文化交际能力，旨在通过大学英语教学，使学生能够掌握扎实的英语语言知识，具备家国情怀、国际视野和较强的跨文化交际能力的高素质应用型人才。

2. 案例学校的大学英语课程体系

笔者所在的高校校区多，大学英语课程体量大、层次多、类型杂。每学年 8 个校区有 9000 多名学生、300 多个教学班必修大学英语课程。学生来自 10 大学科门类近 70 个专业，分为专升本、高职、贯通培养、本科、研究生多种层次。学生学习特点差异显著，英语水平参差不齐，“一刀切”的教学无法适应多元化、差异化的英语学习需求。

多年来，学校大学英语一直秉持分级教学与分类拓展的教学理念，依托自身的特色，构建了以通用英语课程为主体，专门用途英语课程与跨文化交际课程为补充的全面课程体系，同时实现线上线下教学的互补与融合。

（1）分级教学——通用英语课程

学校结合校本实际，按照办学层次、英语水平、学习特点等将本科学生分为普通类、艺体类、听障类、视障类四种类型。通过新生入学统测，普通类学生（占 2/3）分为三个级别。大部分学生为三级班，第一学期到第四学期必修通用英语的“基础目标 A”课程。二级班入学水平略高于三级班，第一学期到第三学期修习通用英语的“基础目标 A”课程，第四学期选修专门用途课程和跨文化交际课程。最高级别为一级班，即校级实验班，第一学期和第二学期修习通用英语的“基础目标 A”课程，第三学期修习通用英语的“提高目标”课程，第四学期选修专门用途课程和跨文化交际课程。

艺体类学生的英语水平和学习动机低于普通类的学生，第一学期到第四学期修习通用英语“基础目标 B”课程，难度低于“基础目标 A”课程，内容上增加艺体类的英语学习材料。

视障类、听障类是学校较为特殊的类型。根据学生特点，开设通用英语“基础目标 C”课程，难度低于高中毕业水平。根据听障类学生的学习特点，开发“听障大学生英语”慕课，实践混合式教学，激发眼动、脑动、手动，增强学习效果。

从实践中观察，当前《大学英语教学指南》中设立的“基础目标”“提高目标”“发展目标”三个层级，对于地方应用型本科院校而言，基础目标的通用英语课程是主流。三个层级可能并不足以全面覆盖其多样化学生群体的实际需求。特别是基础级别的通用英语课程，由于受众广泛，其教学需求差异性显著，因此有必要进一步细化分级，以更精准地满足学生的个性化学习需求。地方应用型本科院校在通用英语课程的分级设置上需要更为精细化的考虑，以确保教学质量和效果的提升。

（2）分类拓展——专门用途英语课程

学校的大英教学团队联合特色专业的专家团队，建设专门用途英语课程。例如，与学校的国家级一流专业——软件工程专业团队合作，在人工智能专家李德毅院士的指导下，共同建设人工智能英语方向的微课系列和两门慕课（上线中国大学 MOOC 平台），开发三本教材（已由外语教学与研究出版社、清华大学出版社出版）。团队在线下开设“人工智能英语”选修课，开展混合式教学，提升学生的英语水平和应用能力，助力学生在国际专业比赛中运用英语并获得大奖。

又如，面向学校一流专业“旅游管理”，发挥我校在旅游学科的优势地位，牵头北京各兄弟院校一起开发“北京世界文化遗产”慕课。本课程取材于北京世界文化遗产，视频素材来自中央电视台国际频道、国务院新闻办五洲传播中心纪录片。课程团队围绕“弘扬中国文化、让世界了解中国、增强民族自信”的方针，精心打造了这门以内容为基础的语言类课程。这门慕课也被学校旅游学院作为专业限选课向旅游管理专业学生开设，反响良好。

（3）协调发展——跨文化交际类课程

学校开设一系列体现人文特性和蕴含丰富文化内涵的跨文化交际课程。例如，“英美诗歌名篇选读”是为大学英语高年级开设的选修课程。教学内容选用16—20世纪英美诗歌名篇，通过鞭辟入里地讲解英美代表诗人的名诗，引领学生进行英诗艺术审美体验，提高对英语语言的感受力和英美文学的鉴赏能力。通过课程学习，学生了解意象、节奏、格律、修辞等英诗要素，挖掘诗歌主题以及诗化主题的艺术形式，了解了英美诗史脉络，拓展英美文学与文化知识，增强外语学习的文化意识，陶冶情操，提高人文素质[①]。该课程上线中国大学MOOC平台，被评为国家精品在线课程。在案例学校线下开课多轮，受到学生欢迎。这说明在以培养应用型人才为目标的应用型高校，精品人文课程契合学生的精神需求，依然大受欢迎。

又如，“跨文化交际”作为大学英语的一门通识教育选修课程，旨在培养学生的跨文化交际意识，帮助学生了解中西文化差异，学会运用跨文化交际理论分析案例，掌握并熟练运用听、说、读、写等重要技能，具备跨文化

---

① 来自该课程在中国大学MOOC平台上的介绍，https://www.icourse163.org/course/BUU-1001672008？tid=1001758009，2024年1月10日读取。

交际的基本交流和沟通能力，同时提升了思辨能力和人文素养[①]。该课程也上线中国大学 MOOC 平台，一直在滚动在线开课，同时在校园内开设线下选修课，被评为校级一流在线课程。

在“分级教学、分类拓展、协调发展、突出应用”方针的指导下，学校初步解决了学生多元化、差异化的学习需求问题，为服务校本特色专业奠定了基础。

第三节　大学英语课程中观目标

一、课程目标的制定

1. 对毕业要求的支撑

在教学目标的制定逻辑中，具体课程的教学目标是以毕业要求为逻辑起点的。课程教学目标紧密支撑毕业要求的达成，确保学生能够通过课程学习逐步达到预期的指标点，从而和其他课程一起共同实现人才培养目标。

然而，在实际操作中，很难做到每门大学英语课程与特定专业的毕业要求细化指标点一一对应。对于面向全体学生开设的基础通用英语课程来说，课程目标更多的是依据学校发布的毕业总要求来制定。课程目标并不专门针对某一具体专业的毕业要求细化指标点，而是为学生的全面发展奠定基础。

① 来自该课程在中国大学 MOOC 平台上的介绍，https：//www.icourse163.org/course/BUU-1206461818？ from=searchPage&outVendor=zw_mooc_pcssjg_，2024 年 1 月 10 日读取。

对于针对特定专业开设的专门用途英语课程来说，情况就有所不同。这类课程旨在培养学生的专业英语能力，以满足其在特定专业领域内的学习和工作需求。在条件允许的情况下，外语教师或部门可以与专业负责人沟通协作，共同制定出更具针对性和实用性的课程教学目标，确保这些目标能够紧密支撑专业毕业要求的细化指标。

毕业要求是大学英语课程目标制定的关键。如果没有毕业要求指标的纽带链接，大学英语课程目标和专业人才培养目标便可能发生断裂，导致两者无法有效衔接。在实际操作中，部分专业教师倾向于将通用能力的培养责任归于公共课程，认为这并非专业课程的关注焦点。然而，如果大学英语课程大纲未能充分反映专业对通用能力的具体要求，那么这种分工与合作便难以顺畅进行。在这种情况下，教师往往容易陷入以教材为中心的目标设计陷阱，倾向于将教材内容直接作为教学目标，认为完成教材内容便是达到了教学目标。这种以教材为逻辑起点的做法，虽然简单易行，但可能会导致教学目标的局限性和片面性，无法全面反映毕业要求和人才培养目标的需求。

总之，我们应充分认识到毕业要求在大学英语课程目标制定中的关键作用，努力打破专业人才培养目标和大学英语课程目标之间的隔阂，实现两者的有机统一。同时，教师也应摒弃以教材为中心的目标设计方式，从更宏观、更全面的视角出发，制定出更加科学、合理的课程教学目标。

2. 对教学指南的参照

《大学英语教学指南》是各普通高等学校制定大学英语教学大纲的主要依据，为各门大学英语课程制定课程目标提供了指引。《大学英语教学指南》将大学英语的教学目标分为基础、提高、发展三个级别，鼓励各院校根据实际情况自主选择目标。这样不仅能够确保教学目标的针对性和实效性，还能够更好地满足学生的个性化需求，促进他们的全面发展。

地方应用型高校大部分学生英语起点相对较低，一般都以高考英语成绩合格为起点，需要通过两个到三个学期的学习，达到大学英语基础目标的要求。起点更低的学生可能需要四个学期的持续学习。基础目标的通用英语课程是地方应用型高校的主流课程。那么这些课程是否要考虑“服务学生的专业”呢？《大学英语教学指南》中有三个不同级别目标与专业、职业明确相关的表述：基础目标以发展学生的通用语言能力为主，提高目标和发展目标逐步加大学术英语或职业英语交流能力和跨文化交际能力要求。三级目标的区别主要体现在以下三个方面。

（1）满足日常生活、学习和未来工作中的交流需要的程度要求不同

基础目标是确保“基本满足”与自身息息相关的信息交流的需要，这是日常沟通的基本保障。提高目标要求达到“能够就熟悉的话题使用英语进行较为独立的交流”的程度，这意味着在特定情境下应具备用英语表达观点、分享经验的能力。而发展目标则是达到“使用英语进行恰当有效的交流”，这要求学习者不仅在语言运用上更加熟练自如，还要能够根据不同场合和对象，灵活调整交流方式，实现高效、精准的沟通。

（2）与专业学习或未来工作相关的词汇的数量要求不同

基础目标设定2000个单词中至少有400个是与专业学习或未来工作紧密相关的词汇，确保在基础交流中能够使用到一定数量的专业术语。提高目标是3000个单词中至少有600个与专业学习或未来工作直接相关的词汇，以更好地支持深入讨论和专业表达。而发展目标虽未具体量化专业词汇的数量，但要达到能够使用英语在专业领域里“进行恰当有效的交流”这一目标，必须要非常熟悉并能灵活运用大量的专业词汇，以便能够准确表达专业观点、进行专业讨论和解决实际问题。

（3）材料选择上的要求不同

基础目标主要集中在“一般性话题材料”上，确保能够就广泛的话题进

行基本的交流。然而，随着能力的提高，学生不再满足于一般性的讨论。提高目标要求学生能够处理“与本人所学专业相关的口头或书面材料”。而发展目标则更进一步，不仅要求学生能够处理专业相关的材料，还强调对“与所学专业相关的学术话题进行深入交流和讨论”。这需要具备深厚的专业知识、敏锐的洞察力以及良好的逻辑思维，能够就学术话题进行深入剖析，展现专业素养和学术水平。

经过上述对比分析，我们可以清晰地看到，在服务学生专业学习方面，三级目标是层层深入、逐步提升的。基础目标的通用课程，其核心固然在于夯实学生的语言基础知识和提升语言运用能力，但同样不能忽视的是，学生在所学专业领域内的英语应用能力也应得到培养。通过基础目标的通用英语课程学习，学生应能够就日常生活和学习的常见语境进行流畅的英语沟通，同时也应具备对未来职业岗位上可能遇到的简单情境进行跨文化沟通的基本能力。因此，基础目标的通用英语课程也应适当融入为专业服务的教学内容，培养学生在专业领域里的通用能力。

然而，仅凭基础目标的培养，学生还不足以应对如演讲、商务谈判等更为复杂的情境，也无法为毕业后能熟练地用英语开展工作做好充分准备。因此，在提升目标和发展目标的英语课程需要进一步加强对学生在专业领域内的英语应用能力的训练，确保他们能够在未来的职业生涯中，无论面对何种挑战，都能游刃有余地运用英语进行交流和合作。在地方应用型高校，学生可以通过修习专门用途英语，提升在专业领域里用英语从事沟通的能力。

《大学英语教学指南》对三个不同级别的教学目标进行了全面而细致的阐述，不仅从宏观上进行了总体的描述，还深入听、说、读、写、译等单项技能的具体要求，这为各高校提供了宝贵的参考依据。各高校可以依据《大学英语教学指南》中的要求，结合自身的办学特色以及学生的实际情况，制定具有本校特色的课程目标。

二、案例课程分析

以笔者所在的高校的“大学英语Ⅱ”这门课程为例，说明如何设计课程教学目标。

“大学英语Ⅱ”是普通类大学生开设的系列通用英语课程之一，对标《大学英语教学指南》的“基础目标”。该课程在大一第二学期开设。

在启动制定2023版培养方式时，学校根据OBE理念，确定人才培养总目标，即培养德智体美劳全面发展，具有基础理论和专业知识，富有创新精神和实践能力的高水平应用型人才，并围绕学科专业知识、个人与团队、沟通、项目管理、终身学习等12个方面确定了学生的毕业总要求。作为学校通识教育核心必修课程，“大学英语Ⅱ”在人才培养总目标和大学英语教育宏观目标的框架下，参照毕业总要求和《大学英语教学指南》设计教学大纲，实现对培养目标的支撑。通常来说，教学目标可以简单分为知识、能力、价值三个维度，或者参照布鲁姆（Bloom）的教学目标分类，分为知识、理解、应用、分析、评价和创造六个层次。前者分类过于简单，而后者分类过于机械化，无法完全涵盖情感、态度和价值观等非认知领域的目标。这些非认知领域的目标同样对学生的发展至关重要。学校在修订教学大纲时，进行了改进，提出了“知识、应用、整合、情感、价值、学习”六维目标。

以下是依据学校毕业总要求、参照《大学英语教学指南》设计出的“大学英语Ⅱ”课程教学目标，在教学大纲里以“课程目标与毕业要求的关系”表格的形式呈现，更加清楚地体现课程目标对毕业要求的支撑，如表3.1所示。

表 3.1　课程目标与毕业要求的关系

支撑的毕业要求	课程目标
沟通：能够就复杂专业问题与业界同行及社会公众进行有效沟通和交流，包括撰写报告和设计文稿、陈述发言、清晰表达或回应指令，并具备一定的国际视野，能够在跨文化背景下进行沟通与交流（H）	知识：学习英语语言知识、学习策略和跨文化知识；能够基本听懂英语授课；基本听懂简短的新闻，掌握中心大意，抓住要点；阅读涉及大学英语Ⅱ话题（如职业、教育、体育以及爱等）的材料，概括篇章大意，理解主要事实和细节，并进行一定的分析；在大学英语Ⅰ基础上增加 500 个单词的词汇量
	应用：能运用更多的听力技巧和阅读技巧；能够运用语音规律流利朗读；复述所学材料；能够就大学英语Ⅱ单元话题进行对话；经准备后对所熟悉的话题作简短发言；就个人与社会关系话题展开简短的讨论、解释、说明；会写简历等常见应用文；运用所学词汇、语法知识翻译汉语长句
	整合：能够结合单元主题，整合多方观点，完成 2 分钟口头汇报或 80 词左右的书面汇报
个人与团队：积极发挥个人作用，在不同的团队以及多学科交叉的环境中承担个体、团队成员以及领导者的角色（L）	情感：能够参与协作学习，具有团队合作意识，积极与同学交流研讨
职业伦理：具有人文修养与科学素养、社会责任感，能够处理好个人利益、单位利益与公共利益的关系，在专业实践中理解并遵守职业道德和规范，履行责任，践行社会主义核心价值观（M）	价值：重视英语学习，对英语学习感兴趣，能够制订并执行学习计划；客观对比家庭、成功、就业等方面的中西文化差异；认同职业、教育、体育等方面的正确价值观
终身学习：具有自主学习和终身学习的正确认识，有不断学习和适应发展的能力（M）	学习：能够在教师的引导下初步使用英语学习策略，能够使用线上线下资源进行自主学习

从表 3–1 可以清晰地看出，“大学英语Ⅱ”每个维度的课程目标都一一对应支撑毕业要求。具体而言，该课程在“沟通”方面提供了高度支撑，通

过课程知识、应用、整合维度目标的实现，支撑学生“具备一定的国际视野，能够在跨文化背景下进行沟通与交流”；在“职业伦理”和“终身学习”方面则提供了中度支撑，引导学生形成正确的价值观念，客观认识中西文化差异，使用学习策略，培养良好的学习习惯和自主学习能力；而在“个人与团队”方面，虽然支撑程度相对较低，但由于课程采用大量的合作学习方式，锻炼了学生在团队中有效沟通、协作的基础能力。

虽然“大学英语Ⅱ”是通用英语课程，但在课程目标制定上关照了服务专业的通用能力培养。比如，能够阅读涉及职业话题的材料；能够经准备后对所熟悉的话题作简短发言，能够结合单元主题，整合多方观点，完成口头汇报或书面汇报；能够撰写简历、报告等常见应用文。

综合来看，“大学英语Ⅱ”的课程教学目标充分彰显了全人教育的核心理念，全面培养学生的语言技能、思想情感以及学习策略。该课程不仅聚焦于提升学生的语言应用能力，更着眼于拓宽学生的国际视野，理解中西文化差异，锤炼跨文化交流能力。该课程为学生的未来职业生涯和个人发展奠定了坚实的基石，助力他们成长为具备家国情怀、全球视野和综合素质的应用型人才。

第四节　大学英语课堂微观目标

一、课堂目标的制定

英语课堂教学目标是落实课程教学目标的关键途径，也是实现人才培养目标的“最后一公里”。

人才培养目标、毕业要求以及课程教学目标共同为课堂教学目标提供了全面而系统的指导和框架。在判断一堂课的教学目标是否恰当时，我们不仅要考虑其是否与宏观目标和中观的目标相契合，还需深入分析教学材料本身的特点以及学生的实际情况这两个关键因素。束定芳教授指出，综合考量能够确保教学目标的设定既符合整体教育目标，又贴近具体教学环境和学生的实际需求[①]。

在大学英语课程的教学过程中，教材依然发挥着不可或缺的作用，是教师开展教学的基础和依托。然而，必须明确的是，教材本身并非教学的最终目标，而是实现教学目标的工具和材料。在设定教学目标时，教师需要对教材所提供的资源进行审慎的考虑和取舍。对于与教学目标高度契合的内容，应当充分挖掘其潜在价值，发挥其在教学中的积极作用；而对于与教学目标不符或不够贴近实际的内容，则应果断舍弃，避免在教学过程中产生误导或偏离目标的情况。同时，为了更好地实现教学目标，还可以在必要时补充相关的教学材料，以丰富教学内容，提升教学效果。OBE 自上而下的目标设计原则使我们避免了“有什么，教什么；教什么，考什么”的盲目性。

学情分析在大学英语课堂教学目标的制定中也占据重要的地位。尤其是通用英语课程，其受众广泛，往往面向全校多个班级开设。在案例学校，相同级别的大学英语通用课程同时开设的班级数量相当可观，少则十几个班级，多则上百个班级。由于教学规模较大，而课程大纲所设定的教学目标往往较为宽泛和笼统，因此，我们需要对各个班级学生的实际情况进行深入细致的分析，以便制定更为具体、更加贴近学生个性化需求的课堂教学目标。

---

① 束定芳．课堂教学目标设定与教学活动设计——基于第四届“外教社杯”全国高校外语教学大赛听说组比赛的分析［J］．外语界，2014（4）：55.

二、案例课堂分析

下面以笔者“大学英语Ⅱ”第二单元第五节课的课堂教学设计为例，说明如何设计课堂教学目标。

案例课堂教学设计选择的第二单元第五节课。其单元主题是工作与职业（Jobs and Careers），共有 8 节课。教材有两篇课文：A 篇课文“你的梦想职业：一触即达（Your Dream Job：A Click Away）”主要探讨的是网络助力寻找理想工作。B 篇“梦想职业：大学生的选择（Dream Jobs：College Students Make Their Picks）”是关于大学生性格与理想工作的关系的调查研究结果的汇报，揭示了不同性格所选择的理想职业类型。案例选择的 B 篇的一节课，课时 45 分钟。

本次教学对象主要是管理学院一年级第二学期的学生。通过“大学英语Ⅰ”的学习，学生已经逐渐适应了大学英语的学习节奏和方式，但在语言表达方面仍面临一些挑战，如在语言输出时难以有意识地应用所学知识，表达的准确性和丰富性有所欠缺。根据上学期期末的调查结果，学生普遍认为一分钟演讲、小组陈述、角色对话等活动对口语能力有显著提升，并表达了对进一步提高口语表达能力的强烈愿望。他们希望能够通过更加丰富的口语训练，为未来在职场能够进行流利表达奠定坚实的基础。此外，随着学生进入第二学期，他们开始更加关注自己的职业选择和发展方向，特别是即将面临选择专业方向甚至换专业的决择，这使得本节课的话题选择尤为重要。通过合适的话题，不仅可以引发学生的深入思考，还能为他们的职业规划提供有益的启示。

因此，教师在设计本节课时，应充分考虑学生的这些特点和需求，选择合适的教学方法和活动，抓住教育机会，为学生提供有针对性的指导，帮助他们提升口语表达能力，并引导他们在思考职业选择时树立正确的职业观。综上考虑，本节课的课堂教学目标设定为如下四类七项。

知识目标

（1）理解职业和性格的关系

（2）掌握重点词汇的同义词

（3）概括篇章大意

应用目标

（4）能够借助思维导图进行 1~2 分钟的口头陈述

（5）能够运用同义词替代提高表达的词汇丰富度

整合目标

（6）能够围绕主题开展调研，写作并口头展示调查报告

价值目标

（7）树立正确的职业幸福观，认识到意义与幸福的关系

第四章

教学内容的重构

第一节　教学内容重构的依据

新时代赋予大学英语教育新的使命，教学改革和教育创新势在必行。“改到深处是课程，改到实处是教材，改到痛处是教师。”[①]教材的改，也就是教学内容的重构，是教改的“实处”，是推动大学英语教育创新的关键所在。

一、教学目标的指引

教学目标是教学内容的“指挥棒”和“指南针”。《大学英语教学指南》对大学英语的宏观目标的总体描述中包含教学内容：“英语应用能力”“跨文化交际意识和交际能力”“自主学习能力”“思辨能力”“综合文化素养”“人文精神”。作为纲领性文件，《大学英语教学指南》为教学内容提供方向性的指引，但对于教学内容的描述相对宽泛，在指导具体课程的教学内容选择时略显不足。因此，教学内容的选择更多取决于课程的具体目标。

根据 OBE 教学理念自上而下的设计原则，融合全人教育的理念，在大学英语教育的校本宏观目标的框架下，大学英语教师参照《大学英语教学指南》和所在学校的毕业要求，确定具体课程的教学目标，即学生完成这门课程的学习后在知识、能力、价值等方面达到的目标。依据课程的教学目标，确定教学内容的选择和教学活动的组织。在确定教学内容时，应当避免使用过于

① 吴岩．锻造中国“金师”[EB/OL]．[2022-10-05][2024-01-10].http：// news.xjtu.edu.cn/info/1003/185643.htm.

宽泛的表述。例如，“人文精神”和“综合文化素养”可以细化为中华优秀传统文化、人类文明优秀成果、社会主义核心价值观、家国情怀、全球视野等具体内容。每个单元和每节课的教学内容，应该紧密围绕单元目标和课堂目标，更加细化且具有可行性。以案例学校的“大学英语Ⅰ”第八单元“家庭”主题为例，“人文精神”和“综合文化素养”方面的教学内容具体到“中国的家庭和谐观”和“家庭观的中西文化差异”，以此引导学生理解并尊重家庭和谐的重要性，拓宽文化视野，增强跨文化交流能力。

二、教学内容的载体

教材在教育体系中扮演着举足轻重的角色，既是教师开展教学活动的重要依托，又是学生获取知识、培养能力的主要源泉。《大学英语教学指南》指出，教材是教学内容的主要载体，也是实现教学目标的基本保证[①]。教学指南、教学标准等文件为教学内容提供方向性的指引，是宏观层面对教学内容的研究，通过教材的编写和选择转化为课堂的教学内容[②]。从教学指南和教学标准到课堂教学内容的转化，是一个从宏观到微观、从抽象到具体的过程，教材作为中间环节，进行有效的衔接和转化。

优质的大学英语教材应该能够系统地提供“英语应用能力”“跨文化交际意识和交际能力”“自主学习能力”“思辨能力”“综合文化素养”“人文精神”等多方面的教学内容，为达成教学目标提供坚实的保障。然而，即便是最优秀的教材，也无法一劳永逸，满足整门课程的所有需要。特别是各个高校校情不同、学情各异，教材的选择固然重要，结合实际情况的运用更为关键。对于现

① 教育部高等学校大学外语教学指导委员会．大学英语教学指南［M］．北京：高等教育出版社，2020：19.

② 文秋芳．外语课堂教学创新研究的分类与论文撰写［J］．外语教育研究前沿，2023，6（1）：4.

有的教材，教师应当秉持“教什么，选什么”的原则，优先选取与教学目标紧密契合的内容，深入挖掘其内在的育人价值。同时，舍弃与教学目标不符或不够贴近实际的内容，在必要时补充相关的教学材料，丰富教学内容，确保教学的针对性和实效性。

三、教材的普遍问题

对于大学英语课程而言，教材是不可或缺的教学材料。脱离教材，大学英语课程将难以有效地实现其在知识、能力、价值等方面的教育目标。然而，大学英语教材在内容方面普遍存在以下问题。

1. 教学内容时代性欠佳

从教学指南到课堂教学内容的转化，教材作为中间衔接和转化的环节，需要一定的转化和修正的周期。部分大学英语教材过分偏重于语言知识的灌输和语言技能的训练，对学生思辨能力和跨文化交际能力的培养偏弱，未能充分体现大学英语的人文性，从而削弱了其在全人教育中的重要作用。

另外，语言学习与现实生活紧密联系。《大学英语教学指南》指出，大学英语教材应该“及时反映世界科技新进展，吸收人类文明优秀成果”[①]。然而，由于教材更新需要一定的周期，大学英语教材内容往往无法及时反映社会的瞬息万变和科技的最新进展，导致学生难以接触到最为鲜活的语言表达。这一点在张虹等[②]对600多所高校近4000名英语教师的教材使用调查的发现中体现明显。近一半以上的教师认为所选用的教材话题落后、内容陈旧。这

① 教育部高等学校大学外语教学指导委员会．大学英语教学指南［M］．北京：高等教育出版社，2020：19.

② 张虹，李会钦，何晓燕．我国高校本科英语教材存在的问题调查［J］．外语与外语教学，2021（1）：65-75.

种教材内容时代性欠佳的现状不仅影响了学生语言能力的全面发展，也制约了他们在现实生活中的有效沟通与交流，难以支撑培养具有前瞻思维、国际眼光的人才。

2. 育人元素融入不足

大学英语教材不仅关系语言输入的质量，也关系学生世界观、人生观和价值观的塑造，在语言教学中的价值导向方面起着不可忽视的作用[①]。大学英语英语教材内容的选择上应自觉融入社会主义核心价值观，引导学生树立正确的世界观、人生观和价值观。《教育部教材局2022年工作要点》要求，要打造更多培根铸魂、启智增慧、适应时代要求的精品教材。

然而，长期以来，大学英语教材普遍存在育人元素融入不足的问题。大学英语课程主要都在大学生的一、二年级开设，这个阶段正好是学生形成人生正确三观的关键时期。大学英语教材应当在承载英语课程的内容的同时，肩负起育人的重要使命，确保教书和育人同向而行。

3. 中华文化元素融入不足

英语教材是学习者直接接触文化信息的重要媒介，也是获取文化信息的首要材料来源，在拓宽视野、理解世界方面起到重要的作用。《大学英语教学指南》指出大学英语教材内容的选择应“立足中国、面向世界”[②]。这意味着大学英语教材内容应博采众家之长，既要展现世界文明成果，又要自觉融入中国优秀文化，让学生在学习世界文明精华的同时，也能通过跨文化的比较与反思，更加深入地理解中外文化，坚定文化自信，增强用英语向世界讲述

---

① 何莲珍．新时代大学外语教学的新要求——《大学英语教学指南》修订依据与要点[J]．外语界，2020（4）：17.

② 教育部高等学校大学外语教学指导委员会．大学英语教学指南[M]．北京：高等教育出版社，2020：19.

中国文化的能力。

然而，由于语言与文化紧密相连，目前英语教材在内容上天然地融入目的语国家的文化，导致部分教材在融入中国文化元素方面存在不足，缺乏对中国文化的深入融合和中外文化的对比分析。根据张虹等人的调查，106 名教师提到教材缺乏“讲好中国文化和中国故事的地道的英语文章”，缺少“中国元素和声音”和“中西文化的对比和分析”。[①] 这将导致学生对中外文化差异理解不够深入，使用英语准确表达中华文化和讲述中国故事的能力不足，造成“中国文化失语”。现已有个别教材开始注重凸显中华文化元素，增加了关于中国发展最新成就的话题和选篇，增设了中国故事板块，帮助学生增强文化自信，厚植家国情怀，如 2023 年出版的《新视野大学英语》第四版（“十二五”国家规划教材）。然而，对于多数大学英语教材来说，以何种方式有机融入什么文化、中国文化元素占比多少、如何体现世界多元文化等，都还是亟待深入研究的问题。

第二节 教学内容重构的实践路径

针对以上问题，大学英语教师应根据课程的教学目标和学生的实际情况，灵活使用教材，重构教学内容。教学内容的重构指在不改变教材原有内容的基础上，通过优化教学设计、补充外部资源以及灵活应用技术手段等方

---

① 张虹，李会钦，何晓燕．我国高校本科英语教材存在的问题调查［J］．外语与外语教学，2021（1）：73.

式，使教材能够更好地适应新的应用场景和满足不同的使用需求[①]。以教材为主要载体的教学内容重构可以通过以下三大途径进行。

一、持续开发校本教学资源

1. 建设在线资源是有效途径

《大学英语教学指南》要求各高校重视教学资源的补充，尤其要充分利用现代丰富的网络资源，选用与课程相关的优质教学资源，鼓励依托网络教学平台，建设与教材相配套的网络课程资源库，并加以有效利用。[②]对于地方应用型高校来说，现有知名慕课平台的优质在线课程可能并不契合学生的水平，不能满足学生的需要。大学英语教学团队可以发挥团队的力量，开发符合本校定位与特点的大学英语校本数字化资源。

案例院校早在2014年起开发适合本校学生水平的在线教学资源。主要的做法是，围绕选用的大学英语综合教程教材，开发配套在线资源（听说课程采用教材自带的平台资源）。配套在线资源分为在线课程和微课两种形式。例如：

（1）“大学英语（普本类）”系列

“大学英语”是为非英语专业学生设置的通识教育必修课。其课程体系分为“大学英语Ⅰ”“大学英语Ⅱ”“大学英语Ⅲ”“大学英语Ⅳ”，共四个级别，在第一学期至第四学期完成。四个级别紧密联系、循序渐进，共同完成课程教学目标。

案例学校的骨干教师团队依托国家规划教材《大学体验英语综合教程》

① 肖维青，赵璧．课程思政背景下的大学英语教材内容重构实践——以“大学英语课程思政数字资源包”建设项目为例［J］．外语界，2023（1）：58.

② 教育部高等学校大学外语教学指导委员会．大学英语教学指南［M］．北京：高等教育出版社，2020：19.

（高等教育出版社），依据学校的人才培养要求，录制了精讲视频课，设计了人机交互练习和在线试题库，构建了完整的学测资源体系，为学生提供了良好的课程资源。最初课程建在 ICclass 慕课平台，自 2014 年秋季以来，在多校区教学中发挥了重要作用。2020 年年初由于大规模在线教学的需要，课程移至专业外语教学平台 iSmart 上，在在线教学和混合式教学中发挥了重要的作用。

在开发精讲视频课和试题库后，在校网络中心的支持下，外语部 43 名教师组成的教师团队共同打造配套微课，内容涵盖大学英语四级写作与翻译、语言知识和技能的训练。微课系列包括四级概览、听力篇、阅读篇、翻译篇、写作篇和口语篇。

针对教材育人元素不足的问题，教师团队打造了大学英语主题微课系列，围绕单元主题挖掘育人元素，由主讲教师精讲 5~8 分钟，旨在进一步突出大学英语的人文属性，启发学生思考。

（2）“大学英语（艺体类）”系列

“艺体类大学英语”是为艺体类专业学生设置的通识教育必修课，也分为四个级别，在第一学期至第四学期完成。

艺体类英语教学团队依托国家精品教材《大学英语精读》（上海外语教育出版社），开发“艺体类大学英语”慕课教程，主要针对精读课文 A 中的重要知识点进行视频精讲，内容涵盖语言文化知识和语言技能的训练，并提供了“边听边读”“词汇注解”“课后练习”的辅助学习模块，为学生随时、随地、随身反复学习提供了极大的方便。

除了教学团队开发的慕课和微课，英语教师还紧扣教学目标，随时补充教学资源，重构教学内容。例如，富含人文精神的经典文章，拓宽视野，提升思辨能力的新闻报道，富有时代性的视频和音频资料，与现实生活和社会热点相关的案例材料，等等。这些材料可以有效地弥补教材时效性欠佳的不足，使得英语学习更加贴近实际，更加具有现实意义。

2. 团队共建是重要策略

校本教学资源的开发建设是个长期、浩大的工程，需要充分发挥团队的作用。共建模式能够汇聚多方智慧和力量，形成更加丰富、多样、实用的教学资源库。同时，多主体共建还能够促进不同主体之间的交流与合作，推动教学资源的不断优化和创新。

在多主体共建的过程中，外语教师是团队的主要力量，不仅是资源的开发者，也是资源有效利用的引领者。各学院的专业教师是学科专家，可以结合自身的专业特点，为大学英语课程注入更多元化、更具深度的内容，确保资源的专业性和实用性。《大学英语教学指南》鼓励区域内同类高校联合跨校开发大学英语数字化课程资源[①]。学校的教务处、网络中心等部门是团队中的坚强后盾与支撑力量。

案例学校在建设校本教学资源的过程中，展现了多元主体协同合作的高效模式。前面提到的围绕教材开发的“大学英语（普本类）”和“大学英语（艺体类）”在线资源，就是由外语部全体43名教师共同参与联合共建的。网络中心作为技术支持的重要力量，为微课建设等项目提供了数字化处理、平台搭建以及安全防护等全方位的服务。教务处则从政策和制度层面给予保障，通过设立“特色项目”“重点项目”“亮点项目”等方式，为资源建设提供了持续稳定的经费支持。案例学校外语部与学校国家级一流专业——软件工程专业团队合作，在人工智能专家李德毅院士的指导下，共同建设了人工智能英语方向的微课系列和两门慕课，开发了三本教材。团队领衔教授还牵头联

① 教育部高等学校大学外语教学指导委员会．大学英语教学指南［M］．北京：高等教育出版社，2020：20.

合北京其他高校的教授精讲细作，为广大学习者打造了用英语讲中国故事的在线课程："北京世界文化遗产慕课"和"这就是中国"。在从 2014 年起持续不断的教学资源建设过程中，案例学校一直充分发挥多元主体的作用，既提高了校本教学资源的质量和水平，也促进了校内各部门之间的交流与合作，促进了校际的交流合作和资源共享，为其他高校在教学资源建设方面提供了有益的借鉴和参考。

此外，学生也是校本教学资源开发建设不容忽视的力量。邀请学生实时补充日常教学材料，能够极大地调动学生的积极性与参与度。例如，新闻播报、美文赏析以及趣味故事等内容，均可由学生分组或个人轮流承担遴选任务。在这一过程中，学生不仅能够锻炼自己的信息筛选和整理能力，还能提升语言鉴赏和表达能力。经过教师的审核把关，确保所选材料的适宜性和价值后，学生将内容与班级同学分享，共同学习。这种方式不仅丰富了教学内容，也给予学生展现个性的机会，促进了学生之间的交流。例如，笔者在每学期的课程都会实施"新闻播报"项目，每次由 1 位值日学生选择感兴趣的英文原版新闻，新闻长度 150~200 个词，学生标注 5 个以上值得推荐的词或词组，提前交给笔者审核。值日当天，学生需要准确而流利地播报新闻，并向全班同学讲解所推荐的词或词组。笔者再重点围绕词汇的丰富度（含义丰富是新闻用词的特点，但学生平时较少关注，属于深度学习）、长难句分析、现实生活的鲜活表达等进行补充、讲解。对于热点新闻，笔者会提前搜索其他媒体的英文报道，在课堂上和全班学生一起对比值日学生所选的报道，审视不同媒体视角背后的潜藏立场，加深学生对世界的理解和认知，提升思辨能力，拓宽国际视野。

学生还可以为在线教育资源的更新与发展注入新的活力。当代大学生因其活跃的思维和对新鲜事物敏锐的洞察力，往往比教师更能迅速了解并使用最新技术。在在线资源的制作上，他们所展现的视角和能力时常令人眼前一亮。给予学生参与在线资源建设的机会，不仅能让他们在实际操作中锻炼英语的应用能力，也能极大地丰富在线资源库，为后来的学习者提供宝贵的学习资源，并树立积极的榜样。以案例学校为例。学校围绕“大学英语Ⅱ”课程的第一单元“知名大学”主题，举办了“我的大学”英语视频大赛。学生热烈响应，提交了大量富有创意和深度的作品。经过严格的筛选和细致的修改，最终一些优秀作品被收录进“大学英语Ⅱ”在线课程资源库，成为未来教学的重要材料。

二、充分挖掘教材育人元素

大学英语课程应“发挥大学外语课程的优势和特点，充分挖掘大学外语课程中蕴含的丰富育人资源，强化课程育人，实现价值塑造、知识传授和能力培养三者相统一”[①]。挖掘教材中蕴含的育人元素，增加“教学内容的广度、深度和温度”，提升“价值引领性”，这是重构教学内容、弥补教材育人元素融入不足的可行途径[②]。

大学英语教材的单元主题具有丰富的人文内涵，涉及人与自我（大学生活、梦想、职业规划、旅游等）、人与社会（爱情、友情、平等、自由等）、人与自然（环保、低碳、绿色发展等）。大学英语教师可以结合单元主题，挖掘文本蕴含的育人元素，充分发挥教材内容的育人功能。

以“大学英语Ⅱ”第六单元为例，案例学校的 F 老师提交的小微教案为获奖作品。F 老师以话题为抓手，充分挖掘语言的工具性和人文性的双重特征，促进学生对本单元话题，即“永不言弃”体育精神的思考。通过带领学生深入

① 何莲珍．服务高教强国建设，重构大学外语课程体系［J］．外语界，2023（5）：3.

② 肖维青，赵璧．课程思政背景下的大学英语教材内容重构实践——以“大学英语课程思政数字资源包”建设项目为例［J］．外语界，2023（1）：58.

阅读文中主人公历经数次失败却不言弃，执着坚守，最终获得成功的事例，感受其身处逆境却拥有不断向上动力的奋斗精神，从而助力学生树立正确的人生观。

案例学校“学术英语”课程的主讲人L教授在讲解该课程第四单元时，涉及文章“亚健康：定义、诊断标准以及在中国中部地区的潜在盛行趋势”（Subhealth：Definition，Criteria for Diagnosis and Potential Prevalence in the Central Region of China）是一篇学术论文。L教授充分挖掘了育人元素，引导学生以研究人员为榜样，善于发现问题、勇于创新、坚持不懈、诚实治学。

首先，L教授从该论文的参考文献入手，在三处融入育人元素。从研究人员发现了亚健康这个无前人研究和定义的问题，创造了亚健康术语，加以界定，并提出了诊断标准，引导学生以研究人员为榜样，善于发现问题、勇于创新；从研究人员分阶段调查大量的研究对象，并辅以复杂的医学检查，来说明坚持不懈的重要性；从论文如实陈述研究的局限性说明诚实治学的精神。接着，引导学生尝试使用一些形容词来描述研究人员的这些优秀品质。然后，L教授对原文进行扩展，分享了耿美玉团队关于阿尔茨海默病有效药物研发的视频（上课当时的时效新闻），让学生进一步体会研究人员的艰辛、坚持和团队的力量。学生分小组分享课前事先收集的关于伟大发现和发明的故事，引导学生树立造福人类的伟大理想和信念。课后，要求学生根据课堂的讨论和体会，以“学术研究成功之路”（The Journey to the Success of an Academic Research）为题撰写一篇小作文，抒发感悟，表达理想。L教授通过评阅作业观察学生的内心想法，获取教学反馈。根据学生的反馈和课堂的观察，L教授发现学生体会到科学研究虽然艰难曲折，但是只要树立远大理想、厚积薄发、不懈努力，就会柳暗花明，造福人类。

从以上案例可以看出，通过充分挖掘教材的育人元素，结合课外素材和时事新闻，大学英语教师可以引导学生树立正确的人生观、价值观和世界观，实现价值塑造、知识传授和能力培养的有机结合，为学生的全面发展奠定坚实基础。

三、有机融入中华文化元素

文化是语言教学的核心，几乎每一本教材都包含着文化信息。大学英语教材天然地蕴含了大量目的语国家的文化，但往往缺失本土文化。2014 年，教育部印发《完善中华优秀传统文化教育指导纲要》指出，加强中华优秀传统文化教育，对于引导青少年学生推动文化传承创新、增强民族文化自信和价值观自信、自觉践行社会主义核心价值观具有重要的作用。作为与文化有着天然联系的语言课程，大学英语的教学内容应当有机融入中华优秀传统文化元素，引导学生正确对待世界文明成果的意识，在比较中加深对中外文化的理解，坚定文化自信，促进中外文化交流、文明互鉴，培养学生爱国主义精神和家国情怀，提升用外语讲好中国故事的能力[①]。

中华文化指中华民族在历史发展进程中创造与累积的物质与精神财富的总和，既涵盖中华优秀传统文化，也包含党领导下的革命、建设、改革过程中创造的革命文化和社会主义先进文化[②]。对于地方应用型高校而言，在融入中华优秀传统文化时，要充分考虑应用型高校所在地方经济社会发展实际，特别关注地方特色的中华文化融入，拓宽教学内容的广度。

中外对比的视角是外语教材融入中国文化的独特视角。在涉及文化差异的主题里，教师可以设计学习活动，让学生通过跨文化的比较和反思，加深对中外文化的理解，坚定文化自信，同时也不自大，不忽视外国文化的精华，

---

① 何莲珍．服务高教强国建设，重构大学外语课程体系［J］．外语界，2023（5）：3.

② 张虹，于睿．大学英语教材中华文化呈现研究［J］．外语教育研究前沿，2020，3（3）：43.

尊重其他国家与地区的独特文化。文化融入可以是显性的，也可以是隐性的。例如，案例学校的H老师在讲翻译原则时，带领学生辨析“人类命运共同体”这个术语的英语翻译版本的变迁，理解这一理念的深刻内涵，体会到这一理念所体现的中国对全球治理和人类未来的深刻思考。H老师通过语言的辨析学习，隐性地融入了中国文化，使学生在潜移默化中增强文化自信和民族自豪感。

提升学生用英语讲好中国故事的能力是中华文化融入的目标之一。在大学外语课程的教学过程中，应高度重视培养学生的跨文化意识与能力，使他们具备讲好中国故事的跨文化素养①。大学生是最适合讲述中国故事的群体之一，是传播中国文化、塑造中国形象的有生力量。案例学校与中国外文局文化传播中心共同举办的“讲好中国故事”多语种对外传播短视频制作大赛，鼓励学生发挥自身外语专业优势，挖掘和传承并向世界传播中华文化。这一实践运用短视频这一大众喜闻乐见的讲述方式，得到了学生的积极响应。学生在实践中极大地提升了用外语讲述中国故事的能力，取得了显著成效。

中华文化本身就蕴含丰富的育人资源，在德育、智育、美育、体育和劳动教育中都能发挥具有极大育人价值②，所谓“以文化人、以文育人”。因此，大学英语教学内容中融入中华文化与挖掘育人元素同向同行。

综上所述，教学内容重构是大学英语教学创新的必然要求，也是推动教学发展的重要手段。只有不断进行教学内容的重构和创新，才能适应时代的发展变化和学生的需求变化。教师可以通过持续开发校本教学资源、充分挖掘教材育人元素、有机融入中华文化元素，重构教学内容。通过教学目标的创新和教学内容的重构，教师打破了传统的束缚，为教学模式的创新和改革奠定了基础。

---

① 何莲珍．服务高教强国建设，重构大学外语课程体系［J］．外语界，2023（5）：4．

② 董小玉，刘晓荷．新时代中华优秀传统文化进教材的理性审思［J］．教师教育学报，2022，9（2）：82．

第五章

教学模式的创新

第一节　大学英语教学模式的演变历程

随着时代的进步和教育理念的更新，大学英语教学模式也在不断发展和演变。从传统的以教师为中心的教学模式，到逐渐注重学生主体地位的变革，再到现代教育技术广泛应用的线上线下混合式教学模式，大学英语教学模式的每一次变革都深刻影响着教学质量和学习效果。

一、中心主体的转型

教学模式的分类多种多样，根据不同的维度可以划分出不同的类型。从学习观的角度，教学模式主要分为行为主义教学模式（以行为主义学习观为依据）、信息加工理论教学模式（以认知学派理论为依据）和建构主义教学模式（社会建构主义学派理论为依据）等。从学习方式的角度来看，教学模式可以分为移动学习、在线学习、混合式教学和翻转课堂等。不同的教学模式反映了学习者在不同环境下的学习需求和特点。从授课方式来看，教学模式可以分为直播教学、录播教学、语音教学和文字教学等，体现了教师在传递知识时所使用的不同技术手段和媒介。此外，从中心主体的角度，教学模式还可以分为以教师为中心和以学生为中心两大类。前者强调教师的主导作用，通常被认为是传统的教学模式；而后者则注重学生的主体性和主动性，体现了现代教学模式的特点。

从中心主体来看，大学英语的教学模式经历了从“以教师为中心”到“以学生为主体”的演变与发展。自中华人民共和国成立之初至20世纪80年代，我国大学英语教学在很长的一段时间里是“以教师为中心”的模式。80年代以后，这种传统的教学模式逐渐受到挑战，“以学生为中心”的教学模式得到倡导[①]。随着多媒体和网络技术的发展，2004年发布的《大学英语课程教学要求（试行）》指出，改革以教师讲授为主的单一教学模式，采用新型的教学模式。在英语学习过程中，学生的自主性固然重要，但仅仅依靠学生自己是不够的，还需要老师的引导和帮助。因此，经过优化，研究者[②]提出了“以学生为主体、教师为主导”的教学模式，这一模式既强调学生的主动性，又注重教师的引导作用，为大学英语教学的进一步发展奠定了坚实基础。

二、教育技术的赋能

随着计算机、互联网、多媒体在教育领域的应用日益广泛，现代教育技术开始为外语教育赋能。在这一背景下，以现代教育技术为支撑的教学模式应运而生，从早期的计算机辅助语言教学模式（Computer-Assisted Language Teaching，CALT）逐步发展到线上线下混合式教学模式（Blended Learning，BL）。

20世纪80年代，计算机辅助语言教学模式开始进入学校并得到应用。1986年，教育部颁布的《大学英语教学大纲》明确指出，应大力推广并充分利用录音、录像、电视、电影、计算机等现代化教学手段，提升英语教学质量，弥补师资力量的不足。该大纲还强调了要进一步开展计算机辅助语言教学的研究和试验，开发建设各种教学软件。在这个阶段，外语教师主要是借助计算机的屏幕显示、图像处理、音视频播放等功能，开展外语教学活动，

① 早期倡导者有张澜（1986）、孙本森（1986）和马涤尘（1986）.

② 较早提出该观点的有孙逢春（2005）和郭乃照、任雪清（2010）.

优化教学过程。

进入 20 世纪 90 年代，随着计算机的普及与信息技术的飞速进步，计算机辅助外语教学在我国迎来了实质性的发展阶段。国家政策层面对现代教育技术的应用给予了高度重视。1998 年 12 月，教育部发布了《面向 21 世纪教育振兴行动计划》，该行动计划将建设开放式的教育网络和高质量的教育软件列为重要任务。2000 年，教育部启动了“新世纪网络课程建设工程”，通过实施三批共计 321 个工程项目，显著提高了我国网络教学资源建设的整体水平，对推动教育信息化建设起到了积极的促进作用。2001 年教育部印发的《关于加强高等学校本科教学工作提高教学质量的若干意见》强调，现代教育技术的应用是提升本科教学质量的关键手段和措施。2004 年，《大学英语课程教学要求（试行）》明确指出，各高校应充分利用多媒体和网络技术，采用新型教学模式，对传统的以教师讲授为主的单一课堂教学模式进行改革。自 2004 年 2 月起，全国 180 所高等学校作为改革试点，开始探索基于计算机和课程的新型英语多媒体教学模式。同年 7 月，为了进一步深化改革，教育部又发布了《关于申报大学英语教学改革扩展项目的通知》，鼓励通过教学各个方面的改革和现代教育技术的充分使用，“建立适应新世纪人才培养要求的大学英语教学体系，建立以培养学生自主学习能力为中心的立体化、多样化、个性化的教学模式”。教学改革试点两年后，教育部遴选了北京大学等 31 所高校作为改革示范点项目学校，2007 年又批准北京科技大学等 34 所高校作为第二批改革示范点项目学校。通过这些改革示范点项目的建设，教学改革成功的经验得到总结和推广，对全国外语教学产生了示范、辐射作用。这一系列重要文件的颁布和有力措施的实施，标志着我国的计算机辅助外语教学正式迈入了深入发展的崭新阶段。

进入 21 世纪以来，随着现代教育技术与外语教学不断融合并扮演越来越重要的角色，一种崭新的、基于计算机和网络的全新教学模式逐步显现出来，线上线下混合式教学模式应运而生。经过十余年的探索与发展，特别是在2020年在线教学浪潮的推动下，这一模式已逐渐发展成为现代外语教育的主流。

混合式教学是在线学习（E-learning）、混合式学习（Blended Learning）的自然演进。20世纪80年代末，在线学习的诞生被誉为教育界的崭新革命。尽管在线学习能够实现部分教育目标，显著改变课堂教学的目的和功能，但在线学习固有的局限性意味着它并不能完全取代传统的课堂教学。换言之，传统的线下教学与在线学习应当相互依存、相互促进，共同推动教育的发展。2002年，Smith J. 和 Elliott Masie 创造性地提出了“混合式学习”的概念，为教育领域带来了新的视角和思考。2003年12月，在第七届全球华人计算机教育应用大会上，何克抗教授首次正式倡导“混合式教学”。从学习到教学，混合式教学这一概念主要着眼于教师的教学设计，其核心目的在于推动教学质量的持续优化与提升[①]。

混合式教学有广义与狭义之分。广义上，它涵盖学习理论、资源、环境、方式及评价的多元化融合[②]。比如，牟占生和董博杰[③]将混合式学习定义为多种学习方式的混合、不同学习环境的混合、不同师生交流方式的混合。狭义上，混合式教学指传统的面对面教学与在线教学的有机结合。国内学者

① 彭芬，金鲜花．高校混合式教学的研究主题、发展脉络与趋势分析——基于citeSpace的知识图谱研究［J］．中国大学教学，2021，（Z1）：100.

② DRISCOLL M. Blended learning: let's get beyond the hype［J］. E-learning, 2002（4）：1-3.

③ 牟占生，董博杰．基于MOOC的混合式学习模式研究——以Coursera平台为例［J］．现代教育技术，2014（5）：73-74.

也普遍采用狭义的定义。比如，李克东和赵建华①认为，混合式学习是面对面教学和在线学习两种模式的整合，以达到降低成本，提高效益的目的。何克抗教授②认为，混合式教学就是结合传统学习方式与在线学习的各自优势，形成互补效应，既发挥教师的主导角色，又充分体现学生的主体性。张海森和李艳③主张混合式教学是多种模式混合，实现不同教学模式的互补。本书采用混合式教学的狭义定义展开讨论。

本书探讨的线上线下混合式教学模式是指融合上线的网络教学和线下的课堂教学，以学生为主体、以教师为主导，利用融合的方式完成学习任务的教与学的模式。这种融合旨在取长补短，发挥传统单一线下课堂教学和在线自主学习的各自优势，弥补各自的诸多不足。

第二节　大学英语混合式教学模式

一、混合式教学的发展历程

2003 年 12 月，在第七届全球华人计算机教育应用大会上，何克抗教授首次正式倡导混合式教学后，我国外语教育者和研究者也开始关注混合式教

① 李克东，赵建华．混合学习的原理与运用模式［J］．电化教育研究，2004（7）：1–6.

② 何克抗．从 Blending Learning 看教育技术理论的新发展（上）［J］．电化教育研究，2004a,（3）：1–6.

③ 张海森，李艳．Blended Learning 与多媒体英语听力实验课程教学的实证研究［J］．外语电化教学，2006（6）：25–31.

学模式，开展理论探讨和实践探索。

2006 年，王莹在《中国电化教育》上发表了题为“Blending Learning 理念指导下的英语教学”的文章，揭开了混合式教学在英语教育中应用的序幕。鉴于当时的技术条件，混合式教学主要是依托安装在网络教室的教学平台开展，如 Blackboard、Moodle、教材配套的听说训练系统等。这个阶段大多学生还不能随时随地学习，而是需要去网络教室使用固定的教学平台；师生的线上互动主要通过论坛、QQ 等方式进行。

早在 2005 年，国外一些教师开始将短视频应用于教学中。2008 年，戴维·彭罗斯正式提出了微课的概念，提倡将其运用于在线课程。2012 年，大规模开放在线课程（Massive Open Online Courses，MOOCs），即慕课，开始在世界范围内迅速发展，呈现爆发式增长之势。2013 年为解决参与度低、辍学率高等问题，专为小规模、特定人群打造的小规模限制性在线课程（Small Private Online Course，SPOC）应运而生。这些全新的教学形式迅速在国内传播开来。2011 年，微课概念一经引入便迅速风靡。2013 年，微信公众号的兴起进一步推动了微课的蓬勃发展。同年，中国大学 MOOC 平台正式上线，标志着国内高校 MOOCs 开放教育的起步。随后 SPOC 也获得了中国高校的广泛关注与支持。在这个阶段，学生课前普遍利用的是微课、MOOCs 或 SPOC 等在线学习资源。随着 MOOCs、SPOC、微课的兴起，大学英语课程开始依托新形式的资源，开展线上线下混合式教学。由于移动终端的普及，学生可以完全实现随时随地自主的个性化学习，完成相关的练习和测试等任务。教师通过教学平台监控学生的学习进度，提供在线答疑，帮助学生解决学习过程中的疑问和难题。移动终端的社交平台，如微信、企业微信等，也充当了为师生实时答疑解惑的平台。课上教学重在讨论探究、答疑解惑、引导启发。课后，学生可以继续使用平台完成相关任务，教师通过多元评价的方式给予学生及时的反馈。

2013 年开始制定的《大学英语教学指南》指出:“鼓励教师建设和使用微课、慕课，利用网上优质教育资源改造和拓展教学内容，实施基于课堂和在线课程的翻转课堂等混合式教学模式，使学生朝着主动学习、自主学习和个性化学习方向发展。”[①] 在《大学英语教学指南》的指引下,外语界对混合式教学模式的研究和实践进入发展期。随着教育技术的进一步迅猛发展，各种外语智能学习软件和平台相继问世，这些专为外语学习开发的平台和系统逐步成为大学英语混合式教学的重要依托。

2020 年年初的大规模在线学习虽让师生猝不及防，但客观上急速推动了线上线下混合式教学的发展进程。在这一阶段，学生通过线上观看慕课、微课等共享教学资源；师生通过钉钉、企业微信、QQ 群等通信平台实现讨论、答疑解惑等教学流程，通过腾讯会议、ZOOM 会议等形式创设“云课堂”，实现“面授”。这次全国范围内的大规模在线教学实践为线上线下混合式教学积累了宝贵的经验，成为混合式教学普及的助推剂。之后，线上线下混合式教学模式已然成为一种崭新的教与学的范式。大学英语混合式教学模式的探索和实践进入高速发展期。这一点从论文发表量的激增就可见一斑。根据黎宇珍等[②] 统计的数据，仅 2021 年，与大学英语混合式教学相关的 CSSCI 期刊论文就达到 21 篇。

二、混合式教学的研究现状

我国外语界对混合式教学的研究概括起来，大致包括三个阶段。

第一阶段，主要是对混合教学模式的概念、维度、优势、教师角色等的

① 王守仁.《大学英语教学指南》要点解读［J］. 外语界，2016（3）：8.

② 黎宇珍，贾积有，蒋学清. 国内大学英语混合式教学研究述评与展望（2001—2021）［J］. 外语电化教学，2022（3）：58-63+111.

理论探讨和案例的运用介绍，如王莹[①]、于夕真[②]、张海森等[③]、凌茜等[④]、侯建军[⑤]、谌登峰[⑥]、黄天娥等[⑦]、钟维[⑧]的研究。

第二阶段，尝试建构模型，并通过教学实践论证模型效度。实证研究证明了混合式教学模式对外语学习的效果。例如，王懿[⑨]、孟彦莉[⑩]、金晏旻等[⑪]研究证明混合式教学模式促进英语写作水平；马武林等[⑫]研究证明混合式教学模式解决课堂教学容量有限与学生个性化学习需求的矛盾；章艳乐[⑬]研究

---

① 王莹.Blending Learning 理念指导下的英语教学 [J]. 中国电化教育，2006（7）：67-69.

② 于夕真. 英语教学模式的整合性研究 [J]. 外语学刊，2007（2）：139-141.

③ 张海森，李艳.Blended Learning 与多媒体英语听力实验课程教学的实证研究 [J]. 外语电化教学，2006（6）：25-31.

④ 凌茜，马武林. 基于 Web2.0 平台的大学英语混合式学习探究 [J]. 教学研究，2009（6）：107-108.

⑤ 侯建军. 基于混合学习的大学英语教学实践与研究 [J]. 电化教育研究，2010（5）：108-111.

⑥ 谌登峰. 利用移动英语学习平台构建大学英语混合教学模式 [J]. 中国教育信息化，2013（10）：81-83.

⑦ 黄天娥，李兰皋. 基于 Blackboard 网络教学平台的大学英语混合式教学模式探究 [J]. 教育理论与实践，2014（6）：55-57.

⑧ 钟维.TPACK 框架下《高级英语》课程微群与课堂混合教学的行动研究 [J]. 外语电化教学，2014（9）：22-27.

⑨ 王懿. 混合学习对大学生英语写作水平的影响 [J]. 开放教育研究，2011（4）：81-87.

⑩ 孟彦莉. 基于混合式教学的大学英语写作自我效能感培养研究 [J]. 电化教育研究，2011（5）：96-101.

⑪ 金晏旻，章国英，沈姝. 从生态视角看混合学习应用于网上英语写作 [J]. 开放教育研究，2012（6）：99-104.

⑫ 马武林，张晓鹏. 大学英语混合式学习模式研究与实践 [J]. 外语电化教学，2011（5）：50-57.

⑬ 章艳乐. 基于 BL 和 CL 理论的大学英语一体化学习模式实验研究 [J]. 外语电化教学，2013（9）：16-23.

证明混合式教学模式改善学生英语自主学习，提高听说水平；邵钦瑜等[①]研究证明混合式教学模式帮助克服学生的孤独感，提高自信心及人际交往能力，增强语言习得能力；朱梅华[②]研究证明混合式教学模式发展主体性，提升自主学习能力、解决问题能力、合作交往和领导能力；等等。

第三阶段，郑新民等[③]、陈延潼[④]、贾雯等[⑤]、张欢瑞等[⑥]、任庆梅[⑦]、端义镭[⑧]、张梅等[⑨]、李晨等[⑩]、阮晓蕾等[⑪]开始从微观视角深入研究混合式教学模式下的某些具体问题，如教师策略和信念、学习共同体、学习探究社区、英语学习策略、学习动机、学习适应性、学生二语交际意愿、课程建构等。研究

① 邵钦瑜，何丽．基于网络与课堂混合环境下的大学英语合作学习模型构建及实证研究［J］．外语电化教学，2014（2）：31-35+47.

② 朱梅华．大学英语混合式教学研究——以华中师范大学为例［J］．外国语文研究，2016（8）：86-94.

③ 郑新民，苏秋军．后 MOOC 时代大学英语教师混合教学策略与信念探究［J］．外语电化教学，2020（2）：15-21.

④ 陈延潼．大学英语混合式学习共同体构建与实施［J］．当代外语研究，2023（5）：141-147+175.

⑤ 贾雯，高兴雨．大学英语混合式学习探究社区模型研究——情感存在感与社会存在感的中介效应分析［J］．外语界，2023（4）：82-90.

⑥ 张欢瑞，杨芳，张文霞．基于 MOOC 的混合式教学设计与实践——以“基础英语听说”课程为例［J］．现代教育技术，2018，28（12）：62-67.

⑦ 任庆梅．混合式教学环境下动机调控对大学英语课堂学习投入的影响研究［J］．外语电化教学，2021（1）：44-50+60.

⑧ 端义镭．混合式教学模式下的二语动机干预研究［J］．外语教育研究前沿，2020，3（4）：49-56+91-92.

⑨ 张梅，何曦．混合式大学英语学习适应性调查研究［J］．外语电化教学，2020（4）：89-93+14.

⑩ 李晨，梁茜露．混合式教学环境对大学生二语交际意愿影响的实证研究［J］．西安外国语大学学报，2022，30（4）：64-68+80.

⑪ 阮晓蕾，詹全旺．混合式学习视域下的大学英语“线上＋线下”课程建构行动研究［J］．外语电化教学，2021（5）：101-106.

者对学习效果的影响也有更深入的研究。例如，任庆梅[①]指出混合式教学模式有助于降低英语学习的焦虑感，增强自主学习意识、自我效能感、学习动机、学习投入；张丹[②]指出混合式教学模式显著提升高阶思维认知能力，增强团队合作精神、换位思考能力和集体主义观念；杨扬等[③]指出混合式教学模式明显改善写作语言复杂度。随着研究的深入，研究方法更加科学和多元化，研究对象也更为细化。例如，吴智慧[④]以低成就英语学习者为研究对象，发现混合式教学效果显著，原因在于混合式教学中的即时反馈，以及自主学习中促发的更多认知投入；高朝阳[⑤]以一所应用型地方高校的新生为研究对象，发现对于入学英语水平较差的理工科学院学生来说，混合式教学模式效果不如传统教学模式。

综上所述，从初探到平稳发展再到迅猛发展，大学英语混合式教学模式的研究已取得丰硕的理论和实践成果，但还存在着一些问题，如研究对象范围较狭窄、研究主题分布失衡[⑥]、研究多集中于宏观教学模式、本土化理论创新意识不足、研究技术与测量工具不够科学等[⑦]。从研究对象看，研究大多集

① 任庆梅．混合式教学环境下动机调控对大学英语课堂学习投入的影响研究［J］．外语电化教学，2021（1）：44-50+60.

② 张丹．大学英语混合式金课的构建与实践研究［J］．外语电化教学，2021（1）：71-77+91.

③ 杨扬，冯志伟．SPOC混合式写作教学模式对大学生英语写作发展的影响研究［J］．外语教学，2022，43（2）：67-73.

④ 吴智慧．基于智慧平台的英语混合式教学研究——以低成就英语学习者为例［J］．中国电化教育，2023（12）：121-127.

⑤ 高朝阳．应用型高校英语混合式教学效果分析［J］．山西财经大学学报，2021，43（S2）：175-178+195.

⑥ 梁文花，相孟薇，张超．我国大学英语混合式教学研究的历时与共时特征［J］．外语电化教学，2022（2）：32-38+116.

⑦ 黎宇珍，贾积有，蒋学清．国内大学英语混合式教学研究述评与展望（2001—2021）［J］．外语电化教学，2022（3）：58-63+111.

中在“网络资源＋课堂教学”的模式，网络资源多数采用的是教材自带的配套教学平台资源、国家级精品课程、在线开放课程等网络共享资源，鲜有涉及利用校本自行开发的线上教学资源开展混合式教学。从研究内容上看，缺乏对混合式教学模式在校本层面的系统性问题研究，对如何确保教学资源的有效输入、如何做足人机交互、如何设计翻转课堂、如何实施过程管理等，尚未进行系统探索和研究，尤其是缺乏实证研究。从校本出发，系统地研究和实践大学英语线上线下混合教学模式，正是本书最关注的教学模式问题。

第三节　大学英语混合式教学模式的校本实践

线上线下混合式教学模式是一种与时俱进的教学模式，是信息技术与教育融合背景下的大势所趋。总体来看，这一模式可以促进教育公平，分享优质教育资源，促进教师和学习者的理念转变，提高教学效率。具体到各类不同的学校上，这一模式可以解决地方应用型高校一些特有的问题。对于地方应用型高校而言，学生的学习特点差异显著、英语水平参差不齐，“一刀切”的教学模式无法适应多元化、差异化的英语学习需求；大学英语作为公共课程，往往难以获得与专业课程相媲美的资源投入，导致教学资源相对有限。此外，一些学校还面临着多校区办学的挑战，导致教学资源的进一步稀释。利用互联网资源丰富课程资源、实施线上线下混合式教学模式是解决这些困境的有效方案。

尽管如此，一个突出的问题依然存在：当前公开的高质量课程资源大多是由一流高校团队开发的，对于地方应用型高校的学生来说，这些资源的适用性和针对性都显得不尽如人意。为此，地方应用型高校的大学英语教学团队必须紧密结合本校实际情况，积极探索创新的教学途径，破解现实困境，才能更好地为国家和地方培养出具备高素质的人才。

由于历史和现实的原因，笔者所在的学校一直是多校区办学的模式，共有 8 个校区同时开设大学英语课程。解决多校区办学资源分散的问题迫在眉睫。慕课建设为多校区教育资源共享提供了新的途径。从 2014 年 6 月 26 日和 27 日的大学英语工作会开始，学校外语部开始构建混合式教学模式，建设校本在线资源，搭建教学平台，2016 年起逐步实施线上线下混合式教学模式改革。

一、四大板块的提出

在团队负责人的带领下，案例学校大学英语团队提出了线上线下混合式教学模式的四个板块理论，即“有效输入”“人机交互”“翻转课堂”“过程考核”[①]，并围绕这四个板块开展混合式教学实践。四个板块相互联系，密不可分，形成完整的系统。

1. 有效输入

有效输入是混合式教学模式首先面临的问题，因为语言习得的首要条件是输入语言。“输入”指媒介从外部到内部的传输过程。在外语学习过程中，输入对于掌握任何语言都是非常重要的。无论是母语的自然习得还是除了母语之外的二语或外语等其他语言的学习，都需要有效输入才能够达成。

（1）有效输入的内容

线上有效输入环节，既是教师教授的环节，也是学生学习的环节，在这

① 张殿恩 . 外语口语慕课设计与实践研究——以“慕课英语 900 句”为例［J］. 外语界，2015（4）：90-96.

个输入环节，做到有效输入十分重要。确定教学目标之后，作为课程的建设者、设计者和学生学习的引导者，教师应该为学生提供什么样的输入材料？

大学英语课程的在线输入主要以语言基础知识为核心。对于非英语专业本科生，线上有效输入涵盖的英语语言基础知识包括英语语音、英语语法、英语词汇、英语修辞法以及英语语篇等知识。就大学英语而言，英语语音和语法知识不必浓墨重彩，以复习总结为宜。英语词汇知识讲解除了词的意义、搭配与运用外，还可以涉及构词法和修辞法。修辞法在增加文采，强化文章表现力方面发挥着不可替代的作用，有助于提升学生的语言鉴赏能力，因此也是大学英语基础知识的重要组成部分。语篇知识包括篇章的联结手段、叙事结构、语境、句际关系等。

在线上有效输入环节，还可以设置浅层次的思维问题和适当比例的开放性、探究性问题，提升学生的自主学习能力，激发学生的探知欲望和潜能，使其能够在学习过程中不断发掘新知识，提升自我学习效能。借助视频讲解、补充资料、网络资源、智能学习工具等，学生能够完成基础知识的理解和识记，解决浅层的思维问题，为深度的学习和运用打下基础。

（2）有效输入的方式

在线输入是将传统模式下教师课堂讲解、练习强化的部分挪到课前进行，可以参照“讲—学—练—测”的方式，借助人机互动，在线完成基础知识的输入。

讲：教师通过选用或录制精讲视频的形式，讲解知识点，主要以语言基础知识为核心。在讲解过程中注意引导学生融会贯通，既讲解知识点，又强化技能，逐步增加学生对知识的理解、内化和应用能力。

学：学生自主学习，提升自主学习能力。在教师的设计和引导下，学生明确课程学习目标，充分发挥主观能动性，根据教学步骤循序渐进地完成学习任务。对于难以理解的内容，可以反复观看、回看学习视频，其间遇到任何问题，可在平台留言，或通过实时交流平台反馈问题和疑惑。

练：学生巩固练习，强化知识应用。练习的内容应紧密结合课程所学内容和学生的实际情况合理设计，难易分配合理，形式多种多样。通过针对性的练习，帮助学生加深对核心概念和知识点的理解，形成完善的知识体统，强化知识应用能力。

测：及时进行测试评价。线上自学完成后，教师应设计针对性较强的测试，了解学生自主学习的掌握情况，及时评价学习效果，并据此调整后续的教学安排。教师可以根据学生的不同水平设定测试的差异化要求，例如，在总分为 100 分的评分标准下，达到 80 分的学生可以顺利通过，而得分低于 60 分的学生则需要重新学习并再次进行测试。

（3）有效输入的原则

在线上线下混合式教学模式中，怎样输入才切实有效呢？线上线下混合式教学模式的输入应遵循“合、精、新”的原则。

合：输入内容要契合教学目标的导向。偏离教学目标的输入会让学生在学习过程中感到迷茫，无法掌握学习的重点和方向，影响学习效率。输入内容要符合学习者认知水平和接受能力，遵循注意、知觉、记忆和概念形成的心理学依据。根据克拉申的输入假说，输入是语言习得的首要条件，可理解性的语言输入是语言习得的必要条件。语言输入总体难度既不超过学习者的现有学习能力，但应包含一些略高于当前水平的语言材料，即“i+1”原则，循序渐进，温故而知新，实现有效的输入①。

精：内容精选、视频精讲、任务精准。以“精”为准则，围绕教学目标

① KRASHEN S D.The Input hypothesis: issues and implications [M].London: Longman, 1985.

精心挑选教学内容；精讲视频控制在15分钟以内，讲解语速避免太慢（宜约260词/分钟），语音语调注意抑扬顿挫，边讲解边逐步呈现知识点，确保学生的注意力集中和对知识点的掌握；设计产出任务，有效输入内容要精准对应产出任务。

新：输入内容应符合时代的发展要求，紧密贴合时代的发展脉络，与学生的生活实际紧密相连。鲜活的材料，尤其是能够直接反映社会热点的素材，更受学生欢迎。这也符合克拉申提出的“此时此地”原则。输入的形式和种类应尽可能新颖多样。与传统的纸质教材相比，在线资源具有更大的灵活性和可更新性，更容易实现“新”。

2. 人机交互

人机交互是大学英语线上线下混合式教学模式的第二个板块。人机交互起源于计算机辅助教学，体现了现代教育技术与外语教育，尤其是大学英语课程的深度融合，是技术赋能教学的直接体现。

（1）人机交互的特征

人机互动是指用户通过人机界面向计算机输入指令，计算机经过处理后把输出结果呈现给用户的过程[①]。人机交互的设计与实践是以用户为中心，准确地说，它更多的是以学习者为中心，结合课程特征进行设计与安排，力求学习者学习的方便性。在线上线下混合式教学模式中，人机交互环境下，学习者能够及时反馈学习效果，获取个性化的学习资源和路径，以及进行人工智能支持下的对话互动等。人机交互的板块能够助力教师，替代教师完成一些任务，如批改作业、批阅论文、更正答案等。

人机交互代表的现代教育技术促使课堂教学结构发生了根本性的变革。

---

① 覃京燕，邓袁圆．基于虚拟现实的交互式数字教学模式研究［J］．教育与职业，2010（32）：177.

教师由原来的课堂主宰者、知识的传授者、教学的管理者转变为教学活动的设计者、组织者、引导者和促进者；学生则从知识被灌输的对象和外部刺激的被动接受对象，转变为学习活动发生的主体和知识意义的主动建构者；教学内容由主要依靠书面教材，转变为在教材的基础之上辅之以丰富的信息化教学资源。

（2）人机交互环境的搭建

首先是选择合适的平台。选择平台时，要考虑平台的功能和特性、易用性和用户体验、稳定性和安全性、平台的成本等因素。目前，通用的教学平台有雨课堂、蓝慕云、超星尔雅等。雨课堂可以利用微信和 PPT 进行融合教学，具有手机推送课件、幻灯片同步、课堂习题应答系统等功能，可以自动采集课内外学习行为数据，方便教师跟踪学生的学习进度和效果，因此成为大学课堂广受欢迎的在线教学平台。

然而，鉴于大学英语的学科特点，专业的外语学科教学平台更加适合大学英语的混合式教学，如高等教育出版社的 iSmart 平台、上海外语教育出版社的 Welearn 平台、外语教学与研究出版社的 Unipus 平台，iWrite 英语写作教学与评阅系统、ispeak 口语训练系统等。这些平台和系统都推出了支持移动终端和电脑终端的版本。相较于雨课堂、蓝慕云等通用型教学平台，这些外语学科教学平台除了具备通用的功能，还提供与教材配套的多模态学习资源，以及便于外语学习的功能，如口语朗读评分、作文自动评测、翻译自动评测等。不仅学生可以在课前、课后使用平台学习，教师在线下课堂也可以借助平台的移动终端，融合在线学习的优势，发布人机交互活动，如即时测试、练习、弹幕、投票、讨论等，促进学生积极参与。

其次是持续地整合建设和优质的教学资源。人机交互环境的核心是学习资源。教师需要整合大量的教学资源，包括课程视频、音频、阅读材料、课件等，部署在教学平台。教学资源可在 DIY、下载中心区域设置和编辑。测试和习题的设计是平台教学资源的重要内容。教师可根据自己的教学设计、教学步骤和教学内容，设计有针对性、循序渐进的试题，供学生检验学习效果，并及时发现教学中的薄弱环节以及学生的知识盲点和薄弱点，为以后及时调整教学计划和教学内容提供有力的数据支撑。试题的设计要注意节奏、频率、试题样式多样化等特点，以能真正反映出学生的真实水平为落脚点。测试可使用平台的试题库编辑试题，也可自行编辑试卷后上传合成试题。

最后是通过人机互动的机制，如聊天、问答、互动留言、语音识别、评价等，实现学习者与机器之间的交互。人工智能技术的介入还可以实现智能推荐、学习路径规划等功能，为学习者提供个性化的学习体验。这种交互在某种程度上弥补学生面对机器学习的孤立感和无助感，增强学生参与和体验的愿望。教学平台的社交功能较弱，可以辅之企业微信、微信、QQ 等社交平台，开展实时师生互动，拉近师生距离。

（3）人机交互的原则

人机交互是现代教育技术与外语课程深度融合的直接体现，现已经成为大学英语教学新模式不可或缺的组成部分。它促进了教师的理念发生转变，影响到教师的学习观、教学观、材料观、教师课堂角色观和错误观等教学观念，也引发了教学从以教师为中心到以学生为主体的转变。

然而，技术手段的应用也不可避免地存在弊病。因此，各种技术手段的安排和应用以适度为原则，并非越多越好，而是越适合越好。与线下交互比较，人机交互会造成一定的社会因素缺失，所以在人机交互的设计中要尽可能地进行弥补。比如，采用掌声、鲜花、表扬话语等评价方式，在人机交互的界面展示教师的面孔，引入自然语言处理技术，使用户能够与系统自然地交互等。此类安排都是为了营造出一个更加友好和舒适的环境，减少使用者对机器的陌生感和疏离感，增加学习时的愉悦感，提升学习效果。

3. 翻转课堂

翻转课堂被普遍认为是自欧洲文艺复兴以来教师授课形式的最大变革[①]，是技术与教学融合的深度融合的着力点，为传统教学方式的根本性改变提供了可能。翻转课堂是线上线下混合式教学模式的重要组成部分，它将学习的决定权从教师手中转到学生手中。

（1）翻转课堂的特征

“翻转课堂”一词的核心是“翻转”二字，就是将传统课堂翻过来。在传统课堂上，教师讲课，学生听课，课后完成教师布置的作业，教学的习惯性顺序是“课上教—课后练”。翻转之后，教学的顺序颠倒了，变成“课前教—课上练”。课前学生在家、图书馆等地方听教师的线上授课，然后在线下课堂上，通过讨论等形式解决学习难点、完成作业。

翻转课堂的核心要素在于通过对传统课堂的有效翻转，把单纯的讲授放到线上和课外，把课堂时间用来进行深层次的学习，用于更多的主动学习活动，如反思、小组项目或讨论，完成知识的内化[②]。课堂不再是纯粹讲解知识的场所，而是师生进行深层互动、有意义的学习的场所。

根据 Hamdan 等人[③]的总结，翻转课堂具有以下特征。

第一，高度的灵活性，容纳多样的模式和可变的教室环境。学生能够自主选择学习的时间和空间，教师能够因需施教，灵活调整教学方法。

---

① 翟雪松，林莉兰．翻转课堂的学习者满意度影响因子分析——基于大学英语教学的实证研究［J］．中国电化教育，2014（4）：104.

② KATHLEEN F.Upside down and inside out：flip your classroom to improve student learning［J］.Learning and Leading with Technology，2012（6）：12.

③ HAMDAN N，et al. A review of filipped learning［J/OL］．（2013-08）［2023-05-12］．https：//www.researchgate.net/publication/338804273_Review_of_Flipped_Learning.

第二，以学生为中心的学习文化。学生从单纯的知识接受者变成学习的主动参与者，通过积极投入和有意义的学习过程，自主构建知识体系。

第三，有目的的教学内容。教师需要精心挑选并确定哪些内容适合直接讲授，哪些内容适合学生自行探究，效率最大化利用课堂时间来开展深度探索的学习活动。

第四，专业的教师。翻转课堂虽然用视频取代教师的部分课堂讲授，但实际上对教师提出了更高的要求，要求教师能够准确判断切换学习活动的时机和方式，实现线下教学的效率最大化。专业的教师是翻转课堂成功的关键所在。

（2）大学英语翻转课堂的教学环节

大学英语课程只有通过精准的、环环相扣的设计，才能实现线上线下同步，实现教学效率最大化。基于地方应用型高校学生的英语学习特点，经过多年的行动研究，我们总结出以下“课前—课中—课后”九步环节。

［课前］

①部署资源和任务

教师准备教学资源，包括精讲视频、补充材料、习题、测试等，提前在平台上部署，布置学习任务。

②学生自学

学生在线自学精讲视频和补充材料，完成习题和测试等学习任务。

③监控与反馈

教师为学生提供在线答疑，监控学生的学习进度，必要时提醒学生截止日期；收集学生自主学习遇到的疑惑，根据学生的学习情况、习题、测试等结果准备线下教学内容。

以上三点属于有效输入、人机交互的内容，也是翻转课堂的课前准备，为翻转课堂奠定基础。教师通过课前练习和测验检查学生在线课程学习的情况，以此调整课程内容，提高线下课堂的效率，提升学习效果。

［课中］

④检验学习成效

这一环节作为评估学生线上自主学习成效的手段，其重要性不容忽视。检验形式灵活，可以是口头形式，如问答、汇报等，也可以是书面测试。书面测试宜在线快速完成，方便教师随时判断结果，进一步地调整线下教学的重点和难点内容，确保精准教学。尽管课前学习已经设置了练习和测试环节，但实践表明，由于学习自主性的差异，学生对课前学习的投入程度参差不齐，这可能导致课前练习和测试的自主完成度存在问题，影响教师对教学重难点的判断。因此，线下课堂的检验学习成效环节不仅有助于回顾和巩固知识，更能及时发现问题并予以解决。同时，也起到了对课前学习的有效督促和检测作用，有助于提高学生的自主学习意识和能力。

⑤解决难点和薄弱点

教师通过学生课前学习情况和线下教学成效检验环节，判断学生在语言基础知识学习上的难点和薄弱点，对此进行有针对性的问题解答和知识夯实。这一步对于地方应用型大学的学生是必不可少的一步。必要时，也可以采取传统的“精讲—精练”模式，帮助学生快速解决难点和薄弱点。

⑥深入学习

在课堂上，通过问题导向式、启发式、研讨式、探究式、项目驱动式等教学法，创设支持性的课堂环境，开展创新型的学习活动，聚焦语言的应用能力、跨文化交际能力、思辨能力的提升，培养学生的国际视野、家国情怀和正确的价值观。在学习活动开展时，给予学生适当的帮助，使小组讨论、辩论、角色表演等教学活动得以顺利进行。学生展示包括书面成果和口头成果展示。前者包括作文、调查报告、演讲稿、翻译和案例分析等；后者包括口头报告、角色表演、演讲、辩论、访谈等。课堂上可以就学生展示的学习成果开展师生共评、生生互评、学生自评。教师进行总结点评时应肯定优点、指出不足。可以运用在线平台收集学生的学习成果，方便建立形成性评价档案。

［课后］

⑦补救性教学

在课堂中发现知识理解不足、技能掌握不熟练等问题时，教师可以在课后进行针对性的补救性教学，如上传补充教学视频等学习资料。补救性教学也包括面向个体学生的个性化辅导。教师根据学生的个体差异和需求，在课后提供一对一或小组形式的辅导，帮助学生及时弥补漏洞，达成预定的学习目标。

⑧复习巩固与拓展

教师设计课后任务，帮助学生加深对课堂知识的理解，扩展学习，为后续学习打下基础。学生通过复习课前视频和课堂笔记、阅读补充材料、完成习题测试、参与在线讨论等形式完成课后复习，进行自主学习和探究学习，丰富知识储备，提高综合素质。

⑨反思改进

教师和学生开展反思，总结教学 / 学习过程中的收获和问题，发现不足之处，加以改进。

通过以上九个环节，线上、线下的不断循环构成了混合教学模式的良性闭环。在这个闭环里，有效输入是翻转课堂的基础和前提。教学资源的准备和上传平台，线上自学答疑和收集学生自主学习遇到的疑惑，是翻转课堂的准备。人机交互是翻转课堂技术保障和支持。教师是翻转课堂的设计者、组织者、鼓励者、评价者和引导者，学生是课堂的主体。过程考核是翻转课堂有效开展的重要保障。

4. 过程考核

过程考核指将管理贯穿于整个教学过程，将管理落实到每个教学环节中。线上线下混合式教学模式广泛运用信息技术，使过程性管理和评价得以顺利实现。过程考核要做到评价内容多维度、评价手段多样化、评价主体多元化。

（1）评价内容多维度

只有全面有效的评估体系才能有效提高混合式学习效率。线上线下混合式教学模式采取过程考核的方式，评价内容包括线上学习进度、作业完成情况、课堂参与度、小组讨论表现、线上互动、书面作业、阶段测试、期末考试等。多维度的评价内容改变了依赖传统的笔试成绩单一评价的模式，能够全面评价学生的学习状态和能力。

大学英语混合式教学模式下，应加大对高阶思维和投入的评价，减少对单纯的语言知识的考核。2019 年教育部颁布了《教育部关于一流课程建设的实施意见》。该意见指出，要“加强对学生课堂内外、线上线下学习的评价，强化阅读量和阅读能力考查，提升课程学习的广度。加强研究型、项目式学习，丰富探究式、论文式、报告答辩式等作业评价方式，提升课程学习的深度。加强非标准化、综合性等评价，提升课程学习的挑战性”。这是对于一流课程建设的指导意见，对于地方应用型高校的大学英语课程来说，可以视作发展的方向。通过加强非标准化、综合性等评价，注重高阶思维和投入的评价，进一步提升课程学习的挑战性，激发学生的学习兴趣和潜能，培养出更多高层次的人才。

（2）评价手段多样化

评价手段可采取诊断性评价、形成性评价和终结性评价相结合的方式进行。诊断性评价的内容包括课前学习准备程度以及线上、线下课前测试。形成性评价运用线上评测数据、线上线下学生互评、线下教师反馈等相结合的方式进行。形成性评价强调对学习过程的关注，鼓励学生参与各种学习活动，既评价成果的完成质量，也评价成果实施过程及参与程度，还可以评价学生的学习态度和情感理念。终结性评价是指在教学过程完成后进行的评价，是对学生阶段性学习的质量进行的结论性评价。混合式教学模式要坚持形成性评价和终结性评价相结合，尤其重视形成性评价。学生在完成挑战性的任务时，可以采取形成性评价，由教师和同伴多次给予反馈和建议，给学生多次完善作品的机会。另外，适当的增值性评价具有积极的意义。教师可以根据学生在一段时间内的成长进行增值性评价，以加分项的形式鼓励学生。

（3）评价主体多元化

线上线下混合式教学模式要坚持评价主体的多元化，发挥教师评价、学生自评和学生互评的共同作用，发挥师生合作评价的作用。教师评价的内容包括学生学习的参与度和收获感、作业和汇报等的完成情况以及各种测试等。学生自评的内容涵盖对自身学习活动投入状况及学习效果的评价。学生自评有助于知识的深度内化。学生互评则包含书面作业和项目展示活动等互评。学生互评则是实现外语课堂学生互动交流的重要手段，也是学生自我学习的过程。作为教师评价的有益补充，这种评价方式已经被广泛地运用于外语教学，尤其是外语写作教学。学生互评需要教师加以示范指导、动态监测，以确保公平合理。在教师的引领下，“学”与“评”的界限被打破，学生在学习的同时完成评价，也在评价同学时夯实学习，评价是学习的强化和深入阶段。

以上是线上线下混合式教学模式的四大板块：有效输入、人机交互、翻转课堂、过程考核。在这四大板块的模式框架下，案例学校于 2014 年开始在线资源的建设和在线平台的搭建，一直持续不间断，从 2016 年开始翻转课堂和过程考核的实践。

二、在线资源的建设

线上线下混合式教学模式是一个动态的不断发展的教学过程，也是师生之间、生生之间不断交互的过程。在这个动态变化的过程中，教学资源的适切性十分重要。教学资源建设和利用得好，则能提高线上线下教学效率，反之，非但不能提高课堂教学效率，还会妨碍线上线下教学开展。因此，对于线上线下混合式教学模式来说，首先，应建设和利用良好的教学资源，让资源成为线上和线下教学排忧解难的基础。其次，择优筛劣，让资源为优质教学打好基础。当前资源极为丰富，尤其是线上各种资源无处不在，无时不现。教师要根据教学目标，围绕教学重点或难点筛选资源，让教学资源切实为线上线下混合式教学模式服务。

由于笔者所在的学校多校区办学的需求，自 2014 年起，外语部开始倡导线上线下混合式教学模式，持续建设在线课程，以国家精品教材为核心分级开发通用英语教学资源，建成了 12 门在线课程和配套微课系列上百个，建成了“校本自建资源 + 国家精品综合英语和英语听说教材配套资源 + 教师自主补充英语学习资源”的资源体系，做到了有效输入。这些在线资源的建设基于校本需求，符合学校“分级教学、分类拓展、协调发展、突出应用”的大学英语改革方针。

1. 通用英语课程资源

案例学校围绕通用英语教材开发了三个系列的通用英语在线课程和系列微课，包括大学英语（普本类）系列、大学英语（艺体类）系列、听障大学生英语慕课。

通用英语课程采用了与教材相配套的专业外语教学平台：高等教育出版社的 iSmart 平台（与综合教材配套）、外语教学与研究出版社 Unipus 平台

（与听说教材配套）。这些专业教学平台不仅具备普通在线教学平台通用的功能，如课程管理、学习跟踪、交流互动、评价反馈等功能，还提供了与教材配套的多模态学习资源，特别针对外语学习开发了一系列实用功能，如口语朗读评分、作文自动评测以及翻译自动评测等，极大地便利了教师的教学工作与学生的学习过程。

选择平台后，第一步是将教学资源上传至平台，包括教材、课件、视频、音频等材料。以 iSmart 平台为例，该平台最顶部与字标 iSmart 齐排的右侧分别是“Mycourse”、“DIY”、“资源下载”和“试题库”等按钮。紧挨着的下面一栏是课程名称，主讲教师的单位、姓名，其右侧是成员、教材和设置。

外语部将团队教师共同开发的 8 门课程资源上传至“DIY”，作为校本资源供全体任课教师使用。课程资源包括精讲视频、课文音频和电子课件。任课教师开设班级后，可以点击“教材”从“DIY”的 8 门课程中选择添加合适的课程，所选课程的所有资源就可以向该班的学生开放，平台会记录学生的观看和学习情况。教师可在平台上随时补充个性化的教学材料，拓宽学生视野。补充教学资源可在“DIY”“下载中心”区域设置和编辑。

测试的设计是教学环境搭建不可或缺的一步。仍以 iSmart 为例，教师可根据实际情况和教学需求从试题库中按照级别自动组卷，也可使用试卷编辑功能手动组卷。试题类型包括客观题和开放性试题两种，其中客观题型包括填空、选词填空、连线、单项选择等。统测试题可以由出题组设计制作，通过分享的功能给所有的任课教师。

师生在日常教学中不断充实交互区，含活动展示、问答留言等。这些功能加强了师生之间的互动和沟通，增强了学生的参与感和体验感，有助于营造一个积极、高效的学习环境，构建一个积极的学习社区。

外语部还将外语教学与研究出版社的 Unipus 平台用于听说课程。该平台自带听说教材的教学资源，学生可以随时随地进行听说学习。教师可以在该平台上设置学习模式，布置试题和作业，补充个性化教学资料，查看学生的学习情况。

2. 其他拓展课程资源

（1）专门用途英语课程

案例学校为该学校的特色专业，特别是国家和省市级一流专业，开发了系列专门用途英语课程。以服务机器人专业、人工智能专业、信息专业的系列特色英语教学资源为例，外语教师团队与软件工程专业团队合作，共同建设了一系列的在线课程，如“人工智能英语”和“机器人英语”慕课。

“人工智能英语”慕课分为基础级和进阶级，是依据外语教学规律，立足于学校高素质应用型人才培养目标，以发展建设北京市一流专业“软件工程”为出发点，以现代化教育技术为支撑的语言类课程。该课程突破了传统大学英语课文化传播和各项英语技能训练的学习内容，融入专业性强的人工智能知识，使学生在加强专业学习的同时，有效提高英语技能和拓展知识。作为在线开放课程，“人工智能英语（基础级）”和“人工智能英语（进阶级）”慕课课程于2019年9月在中国大学MOOC在线平台上线，目前已在平台开课各五轮。该课程不仅吸引了理工科尤其是计算机专业的学生选课学习，还被国内多所高校选作SPOC课程，累计选课人数达上万人次。“人工智能英语”课程与案例学校的专业密切结合，已在校内作为通识教育选修课开设。

“机器人英语”慕课是以内容为基础的语言类课程。该课程主讲人围绕着“学习机器人英语、了解科技前沿大势、拓展国际视野、强化语言优势”的方针，精心打造了这门课程。该课程共计8个单元，前4个单元是机器人英语发展简介，后4个单元是美国哈佛大学、麻省理工学院（MIT），中国和日本等国家的机器人研发情况和个案介绍。该课程的服务对象为高校本、专科学生，研究生和广大外语学习者。该课程精心挑选了“原汁原味”的语言内容，分音频、视频、原声、语音合成、精讲、词汇、翻译和口语等板块，其中语音合成（英汉）和精讲部分帮助学习者从基础开始，为学习者呈现了精彩的机器人英语。

在在线资源的基础上，团队编写了《人工智能英语百词百句》（外语教学与研究出版社）、《人工智能英语基础教程》和《人工智能英语读写教程》（清华大学出版社）。

（2）跨文化交际课程

跨文化交际课程不仅包括以“跨文化交际”命名的课程，也包括不同文化的历史、社会、哲学、文学等丰富内容的课程，如“中英文媒体报道解读”“这就是中国”“英语900句”等。

“中英文媒体报道解读”围绕“拓展国际视野，强化语言优势，突出文化特色”，培养学生的媒体报道解读能力，了解中英文化差异。该课程共有8个单元，每个单元涵盖“理论提要”“英语报道材料”“汉语报道材料”“中英解读比较”“文化拓展”“语言提要”“思考题”，包括视频精讲、人机交互在线练习。该课程的配套纸质版教材由中央民族大学出版社出版发行。

“这就是中国”旨在“讲述中国故事，强化语言优势，拓展国际视野，抒发家国情怀”。该课程共12个单元，取材于中央电视新闻网。内容包括“世界，你好！这就是中国”“一带一路：人人为我，我为人人”“中国足迹：IT是如何改变中国的”“如何解决14亿人口的温饱问题”“神奇的中国：五年精准扶贫”“神奇的中国：中国如何成为基建狂魔的”“神奇的中国：难以置信的中国高铁”“人工智能：中国的人工智能愿景是什么”“神奇的中国：双11网上购物狂欢节令世界疯狂”“这就是中国：实际万物皆可外卖”“这就是中国：无现金时代正在到来”“北斗系统开始全球服务”。材料新颖，数据丰富，与时俱进。该课程以材料视频加讲解视频的形式呈现，遵循英语学习的规律，既包括篇章结构、语义、句子及词汇衔接等，也融入了相关背景知识。领衔主讲该课程的教授和来自北京其他四所高校的教授合作，精讲细作，为广大学习者打造了这门课程。

“英语900句”慕课课程是依托麦克米伦公司出版的《英语900句》开发的立体口语慕课课程，共50个单元，每个单元有6个部分，即原汁音频、原味视频、精讲视频、理解模仿、自我测试、雅趣欣赏，落实了“有效输入”“人机交互”“翻转课堂”“过程考核”的慕课环节，做到了“随时随地练口语，音频视频如耳目，人机交互师相助，慕课搭建成功路”[①②]。基于这门慕课课程的设计理念和建设实践，该课程主讲人在国内外语教学研究期刊《外语界》发文“外语口语慕课设计与实践研究——以‘慕课英语900句’为例”，成为国内早期外语慕课研究的高引论文。

案例学校的拓展类课程在线资源选择了慕课平台，如中国大学MOOC平台、IC慕课平台等，希望借此扩大课程影响力与受众范围。中国大学MOOC平台是一个大规模在线开放课程平台，拥有庞大的用户群体。案例学校将“人工智能英语”“跨文化交际”“听障大学生英语”等课程上线至该平台，每学期在线开课，迅速扩大了这些课程的影响力，吸引了更多对此类课程感兴趣的学生参与学习。同时，任课教师可以借助慕课平台的技术支持，灵活地设计和组织教学内容，在自己的班级里开展线上线下混合式教学模式。

---

① 张殿恩．外语口语慕课设计与实践研究——以“慕课英语900句”为例［J］．外语界，2015（4）：90-96.

② 张殿恩，王蕴喆．慕课视域下外语微课设计与实践研究［J］．黑龙江高教研究，2018（11）：149-152.

三、教学改革的推进

在完成校本在线课程录制和在线平台构建的基础之上，案例学校外语部循序渐进，由点及面，在全校范围内探索线上线下混合式教学模式，逐步深化大学英语教学改革。

1. 修订大纲，做好顶层设计

在调查研究的基础上，以 OBE 理念和全人教育理念为指引，修订大学英语课程大纲，从顶层设计上体现线上线下混合式的教学模式。下面以“大学英语Ⅰ”为例，讨论如何在大学英语课程大纲的各个环节贯彻线上线下混合式教育模式。

（1）课程目标

“大学英语Ⅰ”是非英语专业学生英语通识课程体系中的第一门课程。“大学英语Ⅰ”课程的先修课程为“普通高中英语”课程。入学时，学生应已达到《普通高中英语课程标准》中的课程合格要求，掌握了基本的英语语音、语法知识以及《普通高中英语课程标准》所要求的单词及短语，并在听、说、读、写等方面受过初步训练。根据 OBE 理念，在学校制定的六维目标框架下，设定以下具体的课程目标。

知识：能够基本听懂英语授课；听懂日常生活对话和简易故事，理解中心大意，抓住要点；能够根据材料回答问题；能够阅读涉及“大学英语Ⅰ”话题（如大学生活、梦想、兼职等）的材料，概括篇章大意，识别支撑细节；能够在高中基础上增加 500 个词汇。

应用：能运用基本的听力技巧、阅读技巧；能够用正确的语音语调朗读；能够对一般性事件和物体进行简单的叙述或描述；能够就日常话题用英语进行简短但多话轮的交谈；能够用英语描述个人经历、观感、情感和发生的事件；能够写作通知、海报等简单的应用文；能够运用所学词汇、语法知识翻译汉语短句。

整合：能够结合单元主题，整合各项语言技能，完成真实场景下的交际任务。

情感：具有团队合作的意识，能够与同学进行初步的合作学习，愿意与同学分享观点。

价值：意识到语言学习的重要性；能够树立正确的英语学习观，合理规划大学英语学习；初步认识大学教育、社团等方面的中西文化差异；认同梦想、责任、友谊等方面正确的价值观。

学习：具有使用恰当的英语学习策略的意识，能够初步养成使用线上线下资源自主学习的意识，能够多渠道获取英语学习资源。

这六维目标分别支撑学校的人才培养目标的“毕业要求”。例如，第六维目标是学生在“学习”方面要达到的目标。针对大一新生的特点，大学英语课程大纲设定了初步培养线上线下混合式学习的意识和能力的目标，帮助新生适应新的教学模式。这一目标支撑了学校制定的“毕业要求”中关于终身学习的要求，即具有自主学习和终身学习的正确认识，有不断学习和适应发展的能力。

（2）课程学习内容、教学方法与学习活动

在课程学习的具体内容方面，大学英语课程大纲用一张关系表确定各个单元与实现课程目标的关系（见表 5.1）。可以看到，每个单元都支撑了第六维目标，贯穿始终，学习活动都包括自主学习、课堂讲授以及丰富的线下课堂活动，支撑了第六维度的目标，即具有使用恰当的英语学习策略的意识，能够初步养成使用线上线下资源自主学习的意识，能够多渠道获取英语学习资源。

表 5.1　课程学习内容与课程目标的关系

课程学习内容	学时	教学方法与学习活动	支撑的课程目标					
			1	2	3	4	5	6
第一单元 College Life	8	自主学习、课堂讲授、小组讨论、课堂汇报	√	√			√	√
第二单元 Song of the Soul	8	自主学习、合作学习、课堂展示、课堂讲授	√	√		√	√	√
第三单元 Leisure Activities	8	自主学习、课堂讲授、小组讨论、合作学习、课堂展示	√	√		√	√	√
第四单元 Living on Your Own	8	自主学习、小组讨论、课堂展示、课堂讲授	√	√				√
第五单元 Source of Information	8	自主学习、课堂讲授、小组讨论、课堂汇报、角色表演	√	√	√	√		√
第六单元 Volunteering	8	自主学习、课堂讲授、小组讨论、课堂汇报、活动设计与实施	√	√	√	√	√	√
第七单元 Learning Strategies	8	课堂讲授、小组讨论、调研、展示汇报、自主学习	√	√	√	√	√	√
第八单元 Love and Friendship	8	自主学习、课堂讲授、小组讨论、课堂展示	√	√			√	√
合计	64							

大学英语课程大纲对每个单元的教学方法与学习活动、课外学习做了详细的规定，充分地体现了线上线下混合式模式的特点，明确了自主学习的内容、课堂讲授的内容、课堂活动的形式和主题。下面以第一单元“College Life”为例进行介绍。

【教学方法与学习活动】

①自主学习：在该校外语部自建平台上自主学习本单元的知识点，完成预习练习。通过自主学习，能够识忆和解释本单元的部分知识点。

②课堂讲授：一方面，在课堂上梳理本单元的知识框架，解答学生线上学习出现的共性疑难问题；另一方面，通过课堂讲授，搭建本单元知识框架，深入剖析疑难点。

③小组讨论和课堂汇报：组织学生进行小组合作，讨论大学英语学习规划、大学学习生活感受等话题，引导学生尽快适应大学学习、生活，做出合理的大学生涯规划。进行课堂汇报，教师进行点评与讲解。通过小组协作交流学习，树立团队合作意识，锻炼沟通技能和表达能力。

【课外学习】不少于 12 学时

①在该校外语部自建平台上自主学习本单元慕课，完成预习和课后巩固练习。

②阅读“大学体验英语快速阅读Ⅰ”第一单元的文章，总结文章的主题和文中重点词汇。

③观看中外名校介绍视频或有关教育主题的 TED 演讲。

④在 Unipus 平台完成“大学英语听说教程Ⅰ”第一单元的听力练习。

大学英语课程大纲在对课程学习资源的规定中，除了明确选用教材的信息，还列出了在线资源，包括该外语部自建在线资源平台（2020 年以后迁移至 iSmart）、听说教程 Unipus 平台资源、英语学习网站资源等。

（3）课程考核方式

大学英语课程大纲对课程考核方式做了规定，体现了考核内容的多维度、考核手段的多样性。考核内容包括出勤、课堂参与、作业、在线学习、期中考试、阶段测试一、阶段测试二、口语测试和期末考试，其中在线学习占 10%，线下课堂的学习活动表现占 15%，形成性评价整体占 60%，体现了混合式教学模式中形成性评价的特点。

该课程为考试课。考核方式分为过程性考核和终结性考核，其中过程性考核构成平时成绩，占总评成绩的 60%，终结性考核形成期末成绩，占总评成绩的 40%。过程性考核包括出勤、课堂参与、作业、在线学习、期中考试、阶段测试一、阶段测试二、口语测试，在平时成绩中的占比分别为 5%、15%、30%、10%、20%、5%、5%、10%，平时成绩以百分计。本课程的考核方式、考核内容、相应权重与对应评价的课程目标汇总列示见表 5.2。

大学英语课程大纲对该课程各种考核方式的具体成绩评定方式做了规定。例如，在线学习规定线上作业全部完成满分为 100 分。因其构成极为复杂，所有成绩全部在线上评定（含评定标准），由系统自动计算得出。

大学英语课程大纲从各方面突出了线上线下混合式教学模式，并且以目标为导向，形成一个设计闭环，所有的环节都支撑了课程目标的实现。对于一个面向全校 3000 多名非英语专业学生开设的课程，大学英语课程大纲起到了纲领性的作用，引领百名大学英语教师在教学中尝试线上线下混合式教学模式。

表 5.2　课程考核方式、考核内容、相应权重与对应评价的课程目标

<table>
<tr><th colspan="2" rowspan="2">考核方式</th><th rowspan="2">考核内容</th><th rowspan="2">所属单元</th><th rowspan="2">在平时成绩中的占比</th><th rowspan="2">总评成绩占比</th><th colspan="6">课程目标</th></tr>
<tr><th>1</th><th>2</th><th>3</th><th>4</th><th>5</th><th>6</th></tr>
<tr><td rowspan="8">过程性考核</td><td>出勤</td><td>学习态度和对课程的重视</td><td>一～八</td><td>5%</td><td rowspan="8">60%</td><td></td><td></td><td></td><td></td><td>√</td><td></td></tr>
<tr><td>课堂参与</td><td>参与问题回答、小组活动、课堂汇报等的积极程度和质量</td><td>一～八</td><td>15%</td><td>√</td><td>√</td><td>√</td><td>√</td><td>√</td><td></td></tr>
<tr><td>作业</td><td>对各单元知识的应用情况</td><td>一～八</td><td>30%</td><td>√</td><td>√</td><td>√</td><td>√</td><td>√</td><td>√</td></tr>
<tr><td>在线学习</td><td>听说平台的学习、在线资源的学习</td><td>一～八</td><td>10%</td><td>√</td><td>√</td><td>√</td><td></td><td>√</td><td>√</td></tr>
<tr><td>期中考试</td><td>对前四单元基本语言知识和语言技能的理解与应用</td><td>一～四</td><td>20%</td><td>√</td><td>√</td><td></td><td></td><td>√</td><td></td></tr>
<tr><td>阶段测试一</td><td>对一、二单元基本语言知识和语言技能的理解与应用</td><td>一、二</td><td>5%</td><td>√</td><td>√</td><td></td><td></td><td>√</td><td></td></tr>
<tr><td>阶段测试二</td><td>对五、六单元基本语言知识和语言技能的理解与应用</td><td>五、六</td><td>5%</td><td>√</td><td>√</td><td></td><td></td><td>√</td><td></td></tr>
<tr><td>口语测试</td><td>口语表达</td><td>一～八</td><td>10%</td><td>√</td><td>√</td><td>√</td><td></td><td>√</td><td></td></tr>
<tr><td colspan="4">小计</td><td colspan="8">100%</td></tr>
<tr><td>终结性考核</td><td>期末考试</td><td>对所有单元基本语言知识和语言技能的理解与应用</td><td>一～八</td><td>100%</td><td>40%</td><td>√</td><td>√</td><td>√</td><td></td><td>√</td><td></td></tr>
<tr><td colspan="4">合计</td><td colspan="8">100%</td></tr>
</table>

2. 开展行动研究，完善教学模式

案例学校成立骨干团队，采用问题聚焦、解决方案、即时观察、积极反思的模式开展行动研究，以思辨的方法不断完善基于校本的线上线下混合式教学模式。以 Y 老师在 2021 年秋季学期开展的行动研究为例。Y 老师选取两个平行班级，将 16 周 64 学时平均分为两个阶段，前后各 8 周 32 个学时，开展行动研究。研究课程是“大学英语 I”，学生是 2021 级大一新生。

（1）第一阶段行动研究

问题聚焦：课堂时间有限，须合理安排线上线下学习内容，充分利用课堂时间。

解决方案：①课前线上学习。观看学习平台的在线课程，文章语言内容的理解；学习 Y 教师补充的资源，包括词汇、句式、课文背景即文化信息。②线下面授。通过测试的形式，检查学生线上自主学习的情况，主要考查词汇、短语表达和句式等语言知识，采用词义连线、词汇适当形式填空、根据句意用短语填空、用所给词汇短文写作等形式。测试后，围绕文章内容理解和深度思考，学生分组讨论、合作学习、口头汇报。③课后完成产出任务。根据话题和内容设置产出任务，包括作文、口头展示、思维导图、画报、录制音频和视频等。提前布置，使学生预知单元的达成目标。

即时观察：通过平台的学习数据掌握学生自主学习情况。随时通过社交媒体的线上互动，答疑解惑，并记录学生的学习困难和不解之处。课堂观察学生表现。

积极反思：第一阶段结束后，教师通过期中测试和平时记录发现学生有较大的进步，但个别学生的投入不够，学习效果不够理想。学生在访谈中反馈，将语言知识点等内容放置在线上，全部进行自主学习，对自主学习能力有很高的要求，还不能完全适应；每单元只精讲一篇文章，对于话题的认知

不够深入，阅读量不够大。

（2）第二阶段行动研究

问题聚焦：①个别学生对语言点和慕课课程自主学习投入不够，学习效果不够理想；②教师对学生线上慕课学习监管不够；③阅读量不够大。

解决方案：Y 老师积极对原有教学安排进行调整。①丰富语言点自主学习材料，图文并茂，增加吸引力，例句精挑细选，语言材料与时俱进、鲜活有趣；②面授阶段的语言测试形式多样，内容变换，增加句子仿写、半句翻译等测试题型；③面授阶段增加自学汇报环节，主要汇报学到了什么、遇到哪些问题、问题是否解决，如未解决，则在课堂上通过小组或集体讨论解决；④将每个单元的第二篇文章作为泛读材料，要求学生完成课后阅读理解练习，并将涉及观点融入第一篇文章，线下进行深入讨论。

即时观察：Y 老师发现多样化的语言知识测试题可以很好地测试出学生对语言点的掌握情况，短文写作环节最能考查学生对语言的实际应用。测试结果反映出的问题应尽快给学生反馈，才能给学生留下深刻的印象。

积极反思：第二轮行动研究结束后，Y 老师从多个角度对教学效果进行了评估。整体来看，两个班级的学习氛围和积极性有所提高，混合式教学模式得到了学生的认可。从期末测试成绩来看，两个班比期中测试整体分值有了一定程度的提高，其中一个班的平均分、及格率远远超过全校和全院的平均分、及格率。从试卷分析结果来看，失分较多的题型是听力、写作和翻译，这也为后续的教学和研究指明了方向和任务。

经过两轮的线上线下混合式教学模式行动研究，通过问题聚焦、解决方案、即时观察和积极反思四个流程的两轮循环，Y 老师对线上线下混合式教学模式的运用日趋成熟，取得越来越好的效果。

Y 老师的行动研究是案例学校教学团队的一个缩影，折射出团队从 2016

年起积极求变、不断探索的改革历程。

3. 循序渐进，全面推进教学改革

自 2016 年起，案例学校的大学英语教学团队开始投身线上线下混合式教学模式的探索与实践。首先于 2016 年 7 月在小学期试点，随后在秋季学期在骨干教师班级中加以实践，2017 年开始，逐步向整个外语部及其他校区推进。

鉴于外语教师普遍存在的技术恐惧感，混合式教学模式所涉及的技术操作可能会成为影响他们积极尝试的一大障碍。许多外语教师虽然在教学领域拥有丰富的经验和深厚的专业知识，但对于新兴的教学技术却往往感到陌生和不安。这种技术恐惧感可能导致他们在面对混合式教学模式时产生抵触心理。为了克服这一障碍，外语部采取了循序渐进的策略。首先，选拔了 10 位骨干教师组成教改团队，在实验班级中开展行动研究，通过不断实践、反思、再实践、再反思的过程，积累了丰富的经验。随后，通过经验分享和专题研讨的方式，将教改经验推广至整个教师团队。自 2017 年起，每学期都举办两次混合式教学模式的专题研讨会和经验交流会，参与的教师数量也从最初的 10 人逐步扩展至 28 人，最终涵盖了全体 43 名教师。同时，外语部也组织了多次技术培训，建立技术服务群，为教师提供必要的技术支持和指导。为了激发更多教师的参与热情，外语部还设立了奖励机制，对在线课程学期累计学习时长最长的班级和任课教师给予奖励和表彰，从而提高了师生的积极性。2017 年至 2018 年，学校正值审核性本科教学评估的关键阶段，外语部以此为契机，通过全体教师的集体备课和逐一说课活动，将骨干教师在混合式教学模式实践中积累的经验广泛传播，进一步推动了整个部门的教学改革进程。2019 年，通用英语普通类课程（涉及大部分教师的课程）的阶段统测全面转移到线上平台进行，教师全部需要运用平台功能设置班级、部署试题。经过

不懈的努力和持续的推进，全体教师逐渐接受了这一新鲜事物，并能够熟练地运用技术开展线上线下混合式教学。

团队教师的混合式教学能力在关键时期发挥了重要的作用。2020 年春季转为在线教学，在线资源迁移至 iSmart 平台。全体教师迅速适应新平台，平稳有序地开展教学。以该学期开学第一周为例，案例学校师生使用 iSmart 平台交互的具体数据，如表 5.3 所示。

表 5.3　案例学校师生使用 iSmart 平台交互的具体数据

	3 月 2 日	3 月 3 日	3 月 4 日	3 月 5 日	3 月 6 日
教师总人数	120	120	120	120	120
教师活跃次数	120	554	565	437	415
学生总人数	5691	4635	4426	3797	3525
学生活跃次数	6737	14693	17683	12739	12533
提交成绩数	13878	9297	10853	5286	4697
提交测验数	8161	3296	5137	3330	7229
提交活动数	2213	641	2122	2347	1874
提交问答数	1992	2635	2667	3243	1949
客户端活跃度	1363	1245	1026	1413	1121

从表 5.3 可以看出，师生在该平台活跃度较高，充分利用平台优势开展线上教学活动。事实上，根据 iSmart 后台的同期数据，与全国使用该平台排名前 10 名的高校相比，案例学校师生互动、在线学习活跃程度、在线提交测试总数、在线完成活动次数以及在线师生问答次数等方面均高于其他 10 所院校。

案例学校外语部在全校范围内组织了“大学英语在线学习满意度”问卷调查，2860 名学生参加了该调查。调查结果表明：学生对在线授课和平台资源的满意度较高，分别达到 88.04% 和 77.3%。尤其是对于教师首次使用新平台的在线授课，表现出了极大的认可，如图 5.1 所示。

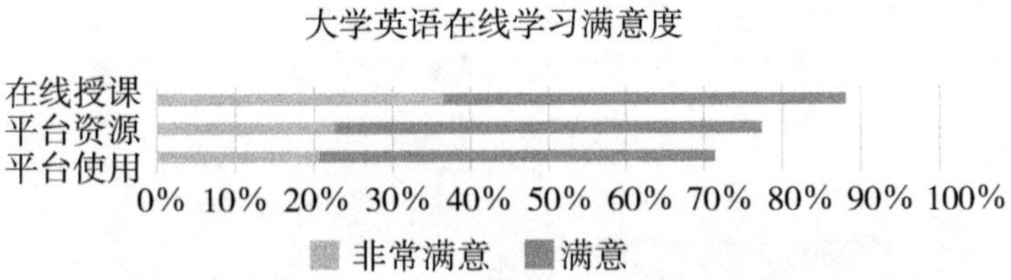

图 5.1 案例学校“大学英语在线学习满意度”调查结果

实践证明，基于校本出发的线上线下混合式教学模式改变了学习理念和教学理念，转变了师生角色，延伸了教学空间，得到了师生的认可。通过教学模式的改革，案例学校逐步解决了几大教学问题。开发基于校本的教学资源，为学生的有效输入、个性化自主学习提供了有力的支持，解决了学生面对海量网络资源无从选择或者选择不当的问题，解决了多校区办学教学资源分散的问题；通过平台实现了人机交互，学生可以随时随地选择个性化的内容和方案学习英语，解决了大学英语课程课时缩减、学生水平参差不齐的问题；翻转课堂实现了师生角色互换，既改变了教师讲授为主、学生被动输入、课堂互动不足的传统模式，又避免了完全自主学习的低效能；通过在线课程建设的尝试，改变了大学英语与专业学习结合不够紧密的现状。

第六章

教学环境的构建

第一节　物理教学环境

教学环境，又称为学习环境、学习空间、课堂环境，是一个由多种不同要素构成的复杂系统。广义上，教学环境指影响教学活动的全部条件，包括物理环境和社会心理环境。物理环境包括教室布局、设备设施、温度、光线、声音等；社会心理环境主要涉及课堂氛围、人际关系、班风校风等软性条件。在线上线下混合式教学模式下，物理教学环境包括线上教学环境和实体教学环境。前文已对“人机互动”和“在线课程的建设”就线上教学环境展开了充分的讨论，本节着重介绍物理教学环境，即教室环境。

一、环境影响

物理教学环境对学习者的影响已经得到研究者的多方验证。Higgins 等[①]发现学校的结构和空间影响学生的成就感、参与度、出勤率和幸福感。Byers 等[②]梳理了先前关于教学环境对学生成果的影响研究，发现虽然实证研究数量为数不多，但都表明物理学习环境的设计、功能和性质与学习结果之间存

① HIGGINS S，HALL E，WALL K，WOOLNER P，MCCAUGHEY C. The impact of school environments：a literature review［J］.2005，Retrieved from http：//www.cfbt.com/PDF/91085.pdf.

② BYERS T，MAHAT M，LIU K，KNOCK A，Imms W. Systematic review of the effects of learning environments on student learning outcomes［R］.Melbourne：University of Melbourne，LEaRN，2018.Retrieved from：http：//www.iletc.com.au/publications/reports.

在一定的相关性。Manca 等[①]也梳理了各种文献，总结了学校建筑设计、噪声、温度、照明及绿地等环境因素影响学生的学习技能。中国教育科学研究院未来学校实验室开展了覆盖全国范围的“中国中小学学习空间调查”项目，发现学生认为室温是影响学习效果的最大空间因素，空间里是否有自己喜欢的科目、学习设备是否齐全、家具是否舒适、是否容易与小组同学合作、是否能够看到外面等因素都在很大程度上影响学习效果[②]。因此，应当将学习空间明确视为教学设计和执行的一部分，充分发挥学习空间对学生成绩的影响力。

大学英语教师应对教室环境保持高度的关注。例如，温度较热且空气不流通的教室环境会让学生产生困倦的感觉，而过低的空调温度会让很多学生感到不适，影响课堂效果。宜人的景色往往能激发学生的学习兴趣。在案例学校中，有一间被誉为“最美教室”的教室，每年春天，窗外海棠花盛开，鸟语花香，为学生营造了一个生机勃勃的学习环境。笔者多年前所任教的一个班级有幸被排在此教室上课，直至毕业，学生仍对那海棠教室的温馨课堂记忆犹新。冬日初雪，当窗外雪花静静飘落时，与学生一同赏析散文《初雪》（The First Snow）和 Robert Frost 的诗歌《雪夜林间小驻》（Stopping by Woods on a Snowy Evening），那种静谧而美好的氛围让学生感受到了英语学习中的美好和乐趣。

对于强调互动、强调以学生为中心的英语课堂来说，座位布局是特别需

---

① MANCA S, CERINA V, TOBIA V, SACCHI S, FORNARA F. The effect of school design on users' responses: a systematic review (2008-2017) [J]. Sustainability, 2020, 12 (8): 34-53.

② 王素，浦小松，张永军，等. 中国中小学学习空间调查报告 [R]. 北京：中国教育科学研究院未来学校实验室，2022：3.

要关注的因素。Wannarka 等[①]、Haghighi 等[②]、vab den Berg 等[③]研究发现，座位安排会影响学生互动的程度和性质，影响认知和学习。在传统教室里，通常的布局是一排排桌子面向黑板和教室最前面的教师的桌子，适合以教师为中心的讲解和演示。这种最为普遍的传统“秧苗式”布局便于演示，但限制了学生开展互动，造成被动学习。相比而言，“矩形”“圆形”“马蹄形”等围桌而坐的座位布局更能促进协作学习和探究学习，为以学生为中心的教学提供了良好的基础。王瑞芝和刘芝琳倡导外语课将教室桌椅摆设成“U”形或“凹”字形，认为这种布局能促进眼神交流和情感交流，有助于营造轻松活跃、自然和谐的课堂气氛[④]。

大学英语属于公共课，一般都是使用学校的公共教室资源，难以像专业课程那样可以自建专业教室。教师在安排教室的时候，尽量向教务部门争取安排桌椅可灵活移动、视听设备齐全的教室，以便根据教学安排重组学习空间。如果空间重组受限，可以通过安排学生移动来改善空间的限制。

二、智慧教室

智慧教室，又称为未来教室、智能教室、未来课堂，是“能优化教学内

---

① WANNARKA R, RUHL K. Seating arrangements that promote positive academic and behavioural outcomes: a review of empirical research [J]. Support for Learning, 2008, 23 (2): 89-93.

② HAGHIGHI M M, JUSAN M M. Exploring students' behavior on seating arrangements in learning environment: a review [J]. Procedia-Social and Behavioral Sciences, 2012 (36): 287-294.

③ VAN DEN Berg Y H, CILLESSEN A H. Peer status and classroom seating arrangements: a social relations analysis [J]. Journal of Experimental Child Psychology, 2015 (130): 19-34.

④ 王瑞芝，刘芝琳 . 影响提高外语教学质量的几个因素 [J]. 清华大学教育研究，2003 (24 增 1): 8.

容呈现、便利学习资源获取、促进课堂交互开展、具有情境感知和环境管理功能的新型教室”[①]。智慧教室为线下教学环境注入了全新的变革力量。

1. 智慧教室的功能

智慧教室的“智慧”（SMART）功能主要体现在以下五个方面[②]。

（1）内容呈现（Showing）

智慧教室能够根据学习者认知特点提供合适的教学信息，包括合适的清晰度、视野、亮度、视角等视觉效果和混响、降噪等听觉效果。

（2）环境管理（Manageable）

智慧教室能够提供智慧的教室布局管理、设备管理、物理环境管理、电气安全管理、网络管理方案。

（3）资源获取（Accessible）

智慧教室提供便利的资源获取和设备接入途径。个人电脑、手机、iPad等多种终端设备均可便利快捷地接入教室预留的端口，师生可以自由发布、共享、互动、操作和再生成学习资源。

（4）及时互动（Real-time interactive）

智慧教室支持教学互动和人机互动，而且能够实时记录互动轨迹，并能够分析记录的数据，为评估学习实况和效果提供数据支持。

（5）情境感知（Testing）

智慧教室能够实时感知教室的空气、温度、光线、声音等物理环境，自动将各项指标调整为适宜的状态；能够获取学习者位置、姿势、操作等学习行为数据，分析学习者需求，为其提供适应性支持。

---

① 黄荣怀，胡永斌，杨俊锋，等．智慧教室的概念及特征［J］．开放教育研究，2012，18（2）：23.

② 黄荣怀，胡永斌，杨俊锋，等．智慧教室的概念及特征［J］．开放教育研究，2012，18（2）：22-27.

鉴于外语教学的特殊性，一些研究者提出了辅助外语教学的智慧教室的设计理念和需求。姚小挺和冒玲玲[①]提出了智慧教室的八大功能：感知反馈功能、设备管理功能、资源互动功能、创设情境功能、教师管理功能、智能导学功能、学生助学功能、实时互动功能。邓琴等[②]借鉴“SMART”智慧教室概念模型，将5个功能维度设计成具体化的问题，开展调查问卷，归纳出外语类院校的智慧教室需求模型（见图6.1）。周永胜等[③]在“SMART”概念模型上融入现代信息技术和外语教育思想，整理出智慧语言实验室的典型系统架构，并提出实现“SMART”五维智慧化的建设思路。

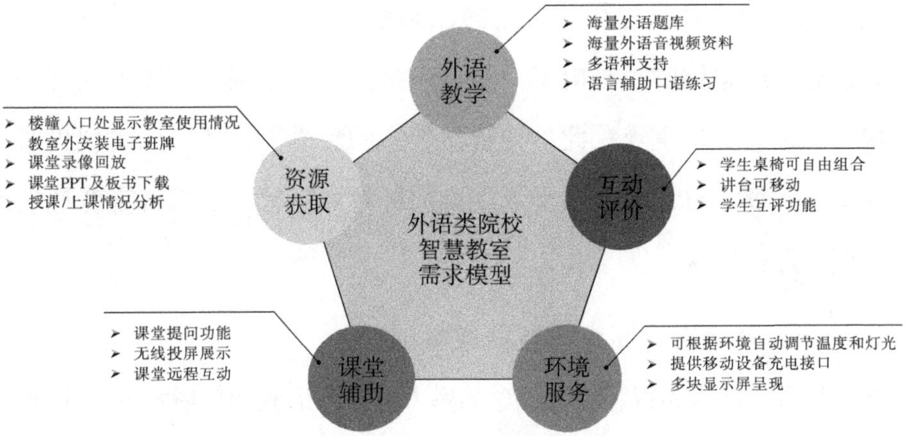

图6.1　外语类院校智慧教室需求模型

2. 智慧教室的类型

黄怀荣等[④]将智慧教室分为三种典型的类型：高清晰型、深体验型、强

---

① 姚小挺，冒玲玲．辅助外语教学的智慧教室功能设计研究［J］．三门峡职业技术学院学报，2017，16（4）：133-137.

② 邓琴，贾巍，罗丽苹．外语类院校智慧教室需求模型探析［J］．中国教育信息化，2020，（23）：28-33.

③ 周永胜，陈刚，宋祝，尹华玲．智慧语言实验室的概念、架构与建设研究［J］．现代教育技术，2022，32（8）：119-126.

④ 黄荣怀，胡永斌，杨俊锋，等．智慧教室的概念及特征［J］．开放教育研究，2012，18（2）：24.

交互型。根据现有的研究发现，以及案例学校的智慧教室大学英语课堂的课堂观察和师生访谈，强交互型的教室更适合大学英语的课堂。强交互型的教室主要特点是分组分屏。小组围坐在圆形布局的座位上，每个小组有一块屏幕和一个链接端口，小组成员可以随时通过本组的端口接入教室端口的终端设备（计算机、手机等），将小组或个人的成果投屏展示。教师可以用大屏幕控制分屏幕，通过广播指挥，引导小组将自己的屏幕内容投到所有屏幕上，方便向全班展示。Chang 等①、Colvin 等②认为多屏显示比单屏显示更有助于降低学习者的认知负荷，促进学习者的成绩提升。分组分屏互动，能够激发学生的代入感。而教师通过智慧教室的控制系统，随时切换分屏与总屏模式，体现总控感。屏幕同时也是电子白板，可批注、可绘画，方便师生在展示的时候快捷标注，突出重点。此外，智慧教室的教学平台还可以实现投票、问答、弹幕、互评、自评等互动交流。目前针对外语教学的学科智慧教室多为强交互型智慧教室。

3. 利用智慧教室开展大学英语教学创新

新一代智能技术和智慧教育理念的融入使得外语教学环境发生了深刻变化。尽管各高校都在积极推动智慧教室和智慧语音室的建设，但目前多数仍处于摸索与尝试的初步阶段。总体而言，智慧教学用于外语教学的研究和实践还相对较少。几位研究者开展了智慧教室环境下的外语教学实践和研究。王晓晨等③基于对京、港、深三地中小学智慧英语课堂的观察，深入剖析了课堂互动的质量

① CHANG T W, HSU J M, YU P T. A comparison of single- and dual-screen environment in programming language: cognitive loads and learning effects [J]. Educational Technology & Society, 2011, 14 (2): 188-200.

② COLVIN J, TOBLER N, ANDERSON J A. Productivity and multi-screen computer displays [J]. Rocky Mountain Communication Review, 2007, 2 (1): 31-53.

③ 王晓晨，黄荣怀，王梦舒，等.智慧教室环境下的中小学课堂人际互动分析 [J]. 电化教育研究，2016 (12): 111-116.

及其影响因素；骆蓉[①]用教学实验论证基于智慧教室环境和U校园智能教学工具的外语慕课混合教学模式的实效，但实验设计相对简单，变量过多。管漪[②]在大学英语翻译课堂中，分别在智慧教室和传统多媒体教室进行了教学实验，通过细致分析教学视频以及收集的学生问卷数据，对比了这两种不同教学环境下的教学互动行为。中国地质大学的外语教学团队对Unipus学科型智慧教室环境下的英语教学展开了系列研究。王安琪等[③]通过对7名使用智慧教室的大学英语教师进行课堂视频录制和个人访谈，从活动主体和技术功能两个维度考察教师如何在智慧教室环境下开展课堂教学活动，教师对使用智慧教室开展课堂教学活动有何看法。除了教师访谈，王安琪[④]又结合学生问卷调查，考察了师生对智慧教室的使用体验。王震静[⑤]依托Unipus学科型智慧教室，以专业英语精读课程的单元设计为例，展示了融合式任务型的教学流程设计和实践。朱燕华和陈莉萍[⑥]基于TPACK知识框架及深度学习理论，构建了一套系统的评价分级指标体系，为大学英语智慧课堂的评估提供了实用工具。李卿慧[⑦]针对智慧教室的学术英语课程，构建了“情景感知、即时互联、分屏互动、反馈监控、靶向修正”五模

① 骆蓉．基于智慧教室的外语慕课混合教学模式研究［J］．教育现代化，2019，(A1)：129-131.

② 管漪．基于iFIAS的大学英语智慧课堂教学互动行为研究［J］．中国教育信息化，2020（11）：23-29.

③ 王安琪，隗雪燕，张庆华．智慧教室环境下的大学英语课堂教学活动——基于7名大学英语教师的个案研究［J］．现代教育技术，2021，31（10）：68-76.

④ 王安琪．大学英语教学中师生使用智慧教室的体验研究［J］．中国地质教育，2021，30（3）：95-99.

⑤ 王震静．学科智慧教学环境下高校英语专业课程教学创新与实践［J］．高教学刊，2023（36），113-116.

⑥ 朱燕华，陈莉萍．大学英语智慧课堂教学评价指标体系构建［J］．外语电化教学，2020（4）：94-100+111.

⑦ 李卿慧．基于智慧教室的学术英语多尺度教学方法重构［J］．实验室研究与探索，2022，41（2）：233-238.

块的课堂设计框架，分析其内在机理与逻辑关系，并用教学案例加以解析。邱瑜毅[①]介绍了浙江财经大学“大学英语”课程在Alpha智慧教室里的运用实践和教学效果。刘英[②]用案例分析了如何在智慧教室环境下运用项目式教学方法和动态学习路径开展高职英语教学。关于智慧教室情境下的大学英语教学，目前还有很多问题没有得到解答，很多空间值得探索。

笔者所在的高校已经在多个校区建设了通用型智慧教室，采取教师主动申请的方式安排智慧教室。鉴于智慧教室资源有限、教师自愿使用的现状，外语部以项目为驱动，对标创新教学比赛，鼓励骨干教师开展智慧教室外语教学的创新实践。以智慧教室为创新点，获得校级教学创新比赛一等奖1项，二等奖1项。获得一等奖的R老师使用了Lumio by SMART课堂互动系统搭建了智慧教学环境。全体学生可以使用任意移动终端登录Lumio by SMART平台，在平台上参与头脑风暴、课堂测试、小组讨论、竞技等课堂活动，可以同时共享全班信息，实时对照查看全班进度。这些技术赋能的在线活动让原本单调乏味的测试、讨论、单词记忆等活动变得生动有趣，更能让学生在高涨的热情和激动的情绪中享受到学习的乐趣，从而更加积极地投入到思考和探索中去。系统自动记录全员活动的结果，形成课堂即时形成性评价。R老师通过搭建智慧的教室环境，解决了学生的学习兴趣不足、全员参与度不够、课程目标的全员达成率低、在教学评价过程中即时评价科学性不足、评价维度单一等问题，打造了“一个也不能少”全员参与的大学英语智慧化课堂。这种实践虽然非常具有创新性，但也面临一个主要挑战：软硬件平台之间彼此孤立，缺乏充分的融合与协调。这在一定程度上增加了技术使用的复杂性。例如，R老师使用的Lumio

---

① 邱瑜毅．智慧教室在大学英语翻转课堂中的运用实践．牡丹江教育学院学报，2021，226（7）：79-83.

② 刘英．智慧教室环境下有效开展英语教学活动的案例研究［J］．武汉职业技术学院学报，2019（2）：40-43+48.

by SMART平台、课程资源所在的iSmart平台以及学校智慧教室自身的平台就彼此孤立，需要教师有极强的创新意愿和技术驾驭能力。未来需要融合和优化各种软硬件工具和资源，使其便于师生接受和掌握，从而更好地发挥智慧教室的特色和优势，推动智慧环境下的教学创新。

第二节 社会心理环境

除了物理环境因素，课堂中教学氛围、师生关系、生生关系等各种社会心理环境因素也是影响学生课堂行为和学习效果的重要因素。这些因素抽象主观，潜隐多变，教师普遍能感受到这些因素具有重要的影响，但却很难厘清“黑匣子”里的影响机制和结果。一些研究者提出从学生感知的视角切入，将课堂环境定义为“学生有时包括教师对环境的共同感知”[①]或“学生对课堂物理环境、社会环境以及心理气氛的感知，介于教师的教学行为与学生的学习效果之间，是以整体方式影响学生认知和情感发展的重要潜在因素”[②]。这为我们洞察“黑匣子”提供了有效的视角。

从学生感知的视角出发，研究者开发了评估课堂环境的工具，常见的有《课堂环境量表》（CES）、《大学课堂环境问卷》（CUCEI）、《个性化课堂环境问卷》（ICEQ）、《课堂发生什么事调查表》（WIHIC）等。我国学者孙云梅[③]

① FRASER, B. Classroom environment [M]. London: Croom Helm, 1986: 1.

② DORMAN, J. The impact of student clustering on the results of statistical tests [A].InB.Fraseretal (eds.).Second International Handbook of Science Education. NewYork: Springer, 2012: 1333.

③ 孙云梅.大学综合英语课堂环境调查与研究[J].外语教学与研究，2010(6)：442.

从以上四个量表选取了与中国外语课堂环境相关的9个因子和72个项目（经效度检验后缩减为65个），编制成《大学英语课堂环境评估量表》，并运用量表调查五所大学综合英语课堂环境，探究不同的身份、性别和语言水平在课堂环境感知方面的差异。9个因子包括同学间的亲和关系、教师的支持、课堂参与、任务取向、学生间的合作、平等性、学生的责任、教师的领导和教师的创新。该量表为广大英语教师提供了评估英语课堂环境、了解学生需求的实用工具，但量表缺乏完整而系统的理论框架。

任庆梅[①②③④]融合文献分析、专家咨询、教师访谈、教学案例分析、实地调研等方式，构建了我国大学英语有效课堂环境构建及评价的理论模式，开发了含有两个层面、4个维度、15个因子的评价量表。两个层面指教学过程和教学结果。教学过程层面包括学习行为、人际支持和情境支持3个维度，评估学生对自身参与课堂活动获得发展程度、自身与课堂环境主体交互程度、课堂环境组织有序程度的感知。学习行为维度包含任务取向、活动参与、探究学习、合作学习、个性化学习、与现实联系6个因子；人际支持维度包含学生融洽度、教师支持、学生平等3个因子；情境支持维度包含课堂管理、活动创新、多媒体技术3个因子。教学结果层面纳入了学习兴趣、收获评价、自我效能3个因子，作为预测第四个维度，即学习效果维度（后修正为学习投入维度）的重要指标。教学过程层面的12个因子形成大学英语有效课堂环

① 任庆梅．大学英语有效课堂环境构建及评价的理论框架［J］．外语教学与研究，2013（5）：732-743.

② 任庆梅．大学英语有效课堂环境构建与评价量表实证检测［J］．教育研究，2016（4）：105-111.

③ 任庆梅．大学英语有效课堂环境构建及评价的影响机制［J］．外语教学与研究，2018a，50（5）：703-714+800.

④ 任庆梅．大学英语课堂环境构建及评价的现状调查与分析［J］．外语界，2018b，（6）：44-52.

境构建评价的约定标准，而教学结果层面的 3 个因子形成评价的满意标准。大学英语有效课堂环境构建及评价的理论模式如图 6.2 所示。

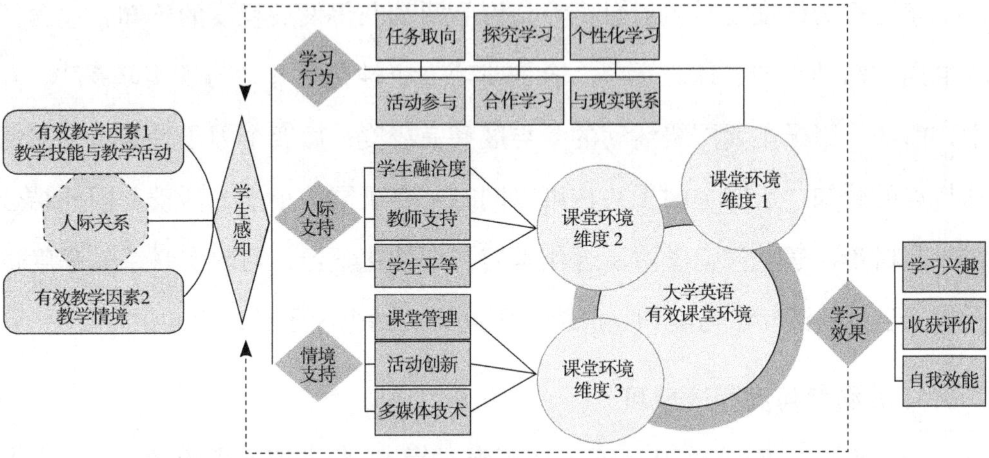

图 6.2 大学英语有效课堂环境构建及评价的理论模式 ①

在这个理论模式的基础上，任庆梅开展了大规模的调查，对评价量表进行了实证检测，探究了大学英语课堂环境构建及评价的现状与特征，考察了大学英语有效课堂环境构建及评价的影响机制，揭示了 4 个维度、15 个因子之间共同作用、相互依存的关系。

该理论模式帮助教师揭开课堂社会心理环境这个"黑匣子"，使教师能够更系统、更深入地认识课堂环境的构成要素，从而有意识地创新，构建有效的课堂环境。实践证明，前三个维度（积极的学习行为、融洽的人际支持、恰当的教学情境支持）能够很好地预测学习投入。因此，以下主要讨论教师如何从前三个维度着手创建有效的教学环境，促进学生学习投入，提升学习效果。

① 任庆梅．大学英语有效课堂环境构建及评价的理论框架［J］．外语教学与研究，2013（5）：741.

一、学习行为维度

学习行为维度是学生对自身参与课堂活动获得发展程度的感知，包含任务取向、活动参与、探究学习、合作学习、个性化学习、与现实联系[①]。其中，前两个因子主要围绕活动的参与度和完成度；后四个因子是关于学习活动特点的感知。后四个因子往往可以同时并存于同一个学习活动，因此结合在一起讨论。学生探究学习、合作学习、个性化学习、与现实联系的程度也影响了学生的活动参与度和完成度，因此，后四个因子是讨论的重点。

1. 活动参与度和完成度

Fraser 等[②]、Fraser[③]、Boren[④]、任庆梅[⑤]指出，任务取向指的是学习者根据既定的学习目标，完成相应学习活动的程度。活动参与度是指学生在学习活动过程中展现出的兴趣以及主动参与学习活动的程度。研究证明，学习活动在促进课堂教学目标达成中扮演着至关重要的角色。吕林海等[⑥]认为，学生

① 任庆梅．大学英语有效课堂环境构建及评价的理论框架［J］．外语教学与研究，2013（5）：739.

② FRASER B，J ALDRIDGE，F ADOLPHE. A cross-national study of secondary science classroom environments in Australia and Indonesia［J］. Research in Science Education，2010（40）：551-571.

③ FRASER B. Classroom learning environments：retrospect，context and prospect［A］.In B.Fraser et al.（eds.）.Second International Handbook of Science Education. New York：Springer，2012：1191-1239.

④ BOREN R，CALLAHAN C，PEUGH J. Out with the old，in with the new：factor analyses of a classroom environment measure［J］. Journal of Psychoeducational Assessment，2011（29）：214-224.

⑤ 任庆梅．大学英语有效课堂环境构建及评价的影响机制［J］．外语教学与研究，2018a，50（5）：703-714+800.

⑥ 吕林海，张红霞．中国研究型大学本科生学习参与的特征分析——基于12所中外研究型大学调查资料的比较［J］．教育研究，2015，36（9）：51-63.

参与学习活动的深度及质量对学习结果有着显著的影响。Dorman① 认为，学生越积极参加学习活动，产生的学习效能就越高，自我效能越高，积极参加学习活动的意愿就越强，从而形成良性循环。

促成学生根据既定的学习目标完成相应的学习活动，要确保学生明确学习目标、学习重点和学习活动的要求。除了口头介绍之外，教师最好再用导航条在 PPT 课件里展示，让学生清楚地了解学习目标和目标实现的进展情况，从而跟上课堂的节奏。下课前，教师要带领学生回顾本节课的学习目标，简要总结学习内容，形成有始有终的完整闭环。教师在布置学习任务时，除了口头告知外，还要有清晰的文字说明，明确任务内容、要求、完成时间期限等，方便学生建立电子备忘录。如果课后完成任务的进度和完成质量不理想，就会直接影响下一次课的教学安排，因此教师应帮助学生提升任务完成质量，为下次上课做好准备。

大学英语教师应当精心设计和组织学习活动，引导学生积极参与，激发他们的学习兴趣和动力，使学生尽可能地持续获得语言输入、促进自动提取与输出语言的机会，更好地理解和掌握新知识，激活已有的惰性知识，促成课堂教学目标的达成。学习活动可以形式多样，包括小组讨论、角色扮演、案例分析、实践操作等。教师在设计课堂教学时，应该注重学习活动的组织和实施，确保活动内容与教学目标紧密相连，同时也要注意使学习活动体现探究学习、合作学习、个性化学习的特点，与现实紧密联系。

2. 学习活动的特点

探究式教学指通过设置问题或情境，引导学生主动阅读、观察、实验、思考、讨论等，自行发现并掌握相关的知识，或将知识应用于解决实际问题

① DORMAN J. Classroom environment research: progress and possibilities [J]. Queensland Journal of Educational Research, 2002 (18): 112-140.

的一种教学活动，其目的在于激发学生的探索欲和求知欲，培养自主学习能力。教师不再充当直接传授知识的角色，而是鼓励、指导学生去自我探索和发现。通过探究式学习，学生不仅能够掌握全面的知识，还能体验到探索成功的喜悦，增强对学习的兴趣和好奇心。

合作学习是指“以异质学习小组为基本形式，系统利用教学动态因素之间的互动，促进学生的学习，以团队成绩为评价标准，共同达成教学目标的教学活动”[①]。Roseth 等研究证明，相比独立学习，合作学习更能够使学生取得学业上的成功，建立更为积极的同学关系，取得更高的学习成绩[②]，因此，合作学习已经被广泛运用于外语教学。在线上线下混合式教学模式下，合作学习既可以线上开展，也可以在真实课堂里进行。线上的合作学习可以弥补线下课堂交流缺乏深度和广度的不足，线下的合作可以弥补学生在线上缺乏面对面交流的遗憾，两者互为补充，能够促进学生进步。

个性化学习指学生自主确定学习活动方式，是以学生为中心、全人教育理念的体现。大学英语教师应充分尊重学生的学习主体身份，为他们提供足够的自主发展空间。在教学过程中，应进一步凸显学生作为学习主体的角色，充分发挥其主动建构知识的作用，避免陷入“教师输出—学生输入”的简化线性模式。通过发挥学生的自主性，促使他们学以致用、深化理解，形成积极的学习体验，增强对课堂学习活动过程与学习成果的正面感知。

与现实联系指课上所学内容与现实生活的联系。在学生对课堂活动的感知中，探究学习的因素对学习行为维度的构建贡献最大，其次是现实联系。也就是说，学生认为自己参与的学习活动的探究程度越高，所学内容与现实

---

① 王坦．论合作学习的基本理念［J］．教育研究，2002（2）：68.

② ROSETH C J，JOHNSON D W，JOHNSON R T. Promoting early adolescents' achievement and peer rela tionships：the effects of cooperative，competitive，and in dividualistic goal structures［J］. Psychological Bulletin，2008（134）：223-46.

联系越紧密，对课堂学习活动的感知就越积极[①]。大学英语教师在设计学习活动时，应紧密结合现实需求，鼓励学生运用英语表达真实的情感和思想，并引导他们运用英语解决现实世界中的实际问题。通过这种方式，学生能够更深入地体验课堂学习过程，增强对知识的感知与理解，从而有效激发学生的学习兴趣，提高他们的自我效能和学习成就感。

以上这些因子在大学英语课堂学习活动的设计中并非孤立存在，而是可以相互融合、相得益彰的。具体而言，大学英语教师可以将探究学习、合作学习、个性化学习以及与现实联系等因子有机结合，打造丰富的课堂学习活动。例如，可以围绕单元主题或当前的热点问题，设置与现实世界紧密相连的探究问题。鼓励学生通过网络、图书馆等多元化渠道广泛收集资料，进行深入探究，自我发现和学习相关知识，并将其整合成有逻辑、有深度的研究成果。在课堂上，学生可以展示研究成果，与同学和教师进行讨论。这不仅能够锻炼学生的表达能力，也能够促进思维的碰撞与提升。同时，教师可以安排学生小组协作完成探究学习。在分组时，应充分考虑学生的个体差异，尊重他们的兴趣和特长，允许学生选择自己感兴趣的单元主题或热点问题去搜集和查找资料。此外，学生也可以根据自己的喜好和特长，选择最适合自己的方式呈现研究成果，这既体现了个性化学习的理念，也能激发学生的学习热情和创造力。通过这样的设计，大学英语课堂学习活动将充满探究、合作与创新，构建有效的课堂环境，促成学生形成积极的学习体验和学习效果。

以“大学英语Ⅱ”第一单元 Famous Universities 为例。笔者设计了与现实紧密联系的三个小组探究任务。

（1）假设你要参加一个交流活动，向留学生介绍你的学校和学院。

---

① 任庆梅．大学英语有效课堂环境构建及评价的影响机制［J］．外语教学与研究，2018a，50（5）：711.

（2）走访学校的校史馆，访问学校网站，用英语讲述学校的历史和现状。

（3）请查找你所在的专业在世界上排名靠前的学校，向同学介绍其中你心仪的一个学校。

上述探究任务的设计紧密结合现实，有效激发了学生的探索欲和求知欲。学习活动采取分组形式进行，每个学生负责准备约 2 分钟的陈述内容，随后小组成员共同整合、呈现研究成果。小组拥有选择权，可以从三个任务中挑选自己感兴趣的主题，并且可以采用自己喜爱的形式来展示成果，如现场陈述、视频制作或图文展示等。尽管视频制作过程相对耗时耗力，但令人惊喜的是，每次仍有 3~4 组学生选择了这种形式，精心制作了视频，生动地介绍了自己的学校和学院。这一结果充分证明，当给予学生充分的自主权和选择空间时，他们会发挥出超出预期的创造力和学习热情，呈现出令人意想不到的学习成果。

二、人际支持维度

Fraser 等 ①、Fraser②、Boren③、任庆梅 ④ 研究表明，人际关系是保障课堂教学活动实施和教学情境构建的基本条件。学习者对人际支持的感知会加强其

① FRASER B，J ALDRIDGE，F ADOLPHE. A cross-national study of secondary science classroom environments in Australia and Indonesia［J］. Research in Science Education，2010（40）：551-571.

② FRASER B. Classroom learning environments：retrospect，context and prospect［A］. In B.Fraser et al.（eds.）.Second International Handbook of Science Education.New York：Springer，2012：1191-1239.

③ BOREN R，CALLAHAN C，PEUGH，J. Out with the old，in with the new：factor analyses of a classroom environment measure［J］. Journal of Psychoeducational Assessment，2011（29）：214-224.

④ 任庆梅．大学英语有效课堂环境构建及评价的影响机制［J］．外语教学与研究，2018a，50（5）：703-714+800.

对情境支持的感知。这两种感知相互作用，共同影响其对课堂学习行为的感知，促进他们深入参与课堂活动，获得积极的学习体验[①]。人际支持维度包括学生融洽度、教师支持和学生平等。

1. 学生融洽度

学生融洽度指学生之间相互了解、帮助、支持的程度[②]。Fortuin 等研究结果显示，来自同伴的支持对学生在学业上的表现具有积极的预测影响[③]。采取学分制的高校，大学英语课堂的学生来自不同的学院和专业，彼此并不熟悉。网络时代的学生过度依赖网络交流，习惯网络社交，往往会导致在现实课堂中社交能力的下降，难以建立真实的人际关系。课间常见学生埋头刷手机，教室里一片沉寂。

大学英语课堂要打破这种局面，创造机会让学生增强了解，互相帮助与支持。让学生共同讨论问题、合作完成任务，如讨论话题、角色扮演、写作任务等，都是促进学生相互了解和帮助的重要方式，也有利于培养学生的团队合作精神。分组宜采用固定分组和随机分组的方式。固定分组的，宜每隔一段时间重新分组，让学生能够与不同特质的同学合作，发展同伴关系。性别结构不平衡、英语水平两级分化严重的班级，教师可适当介入，均衡小组里的男女性别结构、英语水平结构，使小组实力尽量保持相当，确保小组活动能顺利开展。

开学第一节课是一个重要的契机。第一节课常见的一个低效活动是让学

---

① 任庆梅．大学英语有效课堂环境构建及评价的影响机制［J］．外语教学与研究，2018a，50（5）：709.

② 任庆梅．大学英语有效课堂环境构建及评价的理论框架［J］．外语教学与研究，2013（5）：740.

③ FORTUIN J，GEEL M，VEDDER P. Peers and academic achievement：a longitudinal study on selection and socialization effects of in-class friends［J］. Journal of Educational Research，2016（1）：1-6.

生用英语自我介绍，全班三四十个学生逐一简单介绍两三句也要一节课，既浪费时间，又达不到互相熟识的目的。用以下两个破冰活动能够快速增进学生之间的互相了解。

（1）活动一

准备空白卡片，发放给学生。请每位学生在空白卡片上用英文写上自己的外貌特征、家乡、兴趣爱好、性格特征以及其他想让别人了解自己的信息（姓名除外）。将卡片收上来混合后，随机发给每位学生一张。请学生拿到卡片后，根据外貌特征描述，在教室里寻找目标，用英语与同学交谈，找出卡片的主人，把卡片主人的名字写在卡片上并保管好卡片。在规定的时间内如果仍有卡片未能匹配，则教师须提供帮助。请一位同学把自己刚认识的卡片主人用英语介绍给全班同学，全班热烈鼓掌。被介绍的同学再接着介绍他认识的卡片主人，以此类推。教师用 PPT 展示介绍框架，供表述有困难的学生参考。

通过这个活动，学生既充分地练习了与人认识、介绍他人的英语表达，又认识了新班级里一些同学，特别是具有共同兴趣爱好的同学、英语表达特别流利的同学等。这样，开学第一节课就能给学生留下课堂环境生动活泼的印象。

（2）活动二

将学生分为四人一组。请每位学生准备关于自己喜好方面的三个陈述，其中两个是真的、一个是假的。一位学生在组里说出自己的陈述，其他学生提问，以确定哪个陈述是假的。组内学生轮流陈述和提问，直到活动结束。

通过这个活动，学生不仅可以使用英语深入地谈论自己的喜好，通过提问判断出信息的正误，而且可以认识相同喜好的同学，增加学生之间的了解。

2. 教师支持

教师支持指教师信任、关注、帮助学生的程度①。Rowe 等研究发现，教师对学生信任和支持程度对形成融洽的课堂人际关系具有重要影响。教师支持的缺失可能导致学生在课堂学习中的畏缩行为②。任庆梅的研究进一步证明，大学英语教师支持在构建英语课堂环境中的人际支持方面起到了最大的贡献作用，主导了学生对人际支持的整体感知③。也就是说，学生对课堂人际关系的感知与其对教师支持的感知之间存在直接联系。学生对教师支持的感知越强烈，其对课堂人际关系的看法就越积极。Huang④、刘晓红等⑤、郭继东等⑥研究也发现，学生感知到的来自教师和同伴的支持可以减低焦虑感，减少学习倦怠感，提高外语学习成绩。

大学英语教师可以说是和大学生相处时间最长的任课老师，最长可达四个学期。教师对学生的信任、关注和帮助，有助于营造和谐的师生关系，构建轻松愉快的教学环境，提升教学效果。首先，大学英语教师要充分信任学生，赋予学生更多的自主权，使他们能够自主决策和规划，如自主安排学习进度、自主选择课题；其次，教师要积极倾听学生的意见和想法，尊重他们

---

① 任庆梅．大学英语有效课堂环境构建及评价的理论框架［J］．外语教学与研究，2013（5）：740.

② ROWE E，KIM S，BAKER J，KAMPHAUS R，HORNE A. Student personal perception of classroom climate：Exploratory and confirmatory factor analyses［J］. Education and Psychological Measurement，2010（7）：858-879.

③ 任庆梅．大学英语有效课堂环境构建及评价的影响机制［J］．外语教学与研究，2018a，50（5）：703-714+800.

④ HUANG S F. The relationship between teacher and peer support and English-language learner’s anxiety［J］. English Language Teaching，2010（1）：32-40.

⑤ 刘晓红，牛睿欣，郭继东．英语学习师生支持及其与学习倦怠的关系［J］．江西师范大学学报（哲学社会科学版），2020，53（5）：138-144.

⑥ 郭继东，牛睿欣．英语学习中的师生支持及其与学习成绩的关系研究［J］．外语与翻译，2017，24（1）：67-71+98.

的观点，鼓励他们表达自己的看法；最后，教师要尊重学生的个性和差异，允许学生在学习中展现自己的特点。教师对学生的信任能够增强学生的自信心，促使他们更加积极地投入学习。

大学英语教师应该关注每位学生，了解他们的学习需求和困难，并给予及时的反馈和帮助。尤其是要注重学生的情感需求，关注学生的情绪变化，如焦虑、紧张等，并采取有效措施缓解学生的压力和焦虑情绪，如进行适当的心理辅导或提供必要的支持。除了课堂和课间有限的时间，教师还可以通过微信、短信、QQ 等社交平台拓展交流的空间。一般而言，教师都会建立班级组群，发布通知，分享资源，答疑解惑。与学生的单独沟通用私信比在班级组群里公开沟通效果更好，尤其是对于内向的学生，私信更能让他们畅所欲言，而且能够感受到教师的特别关注。

在与学生的交流互动中，教师要有积极的元语用意识，策略性地运用不同类别的元话语资源，构建课堂动态身份特征，维护教师和学生彼此的面子，使得学生最大限度获益。教师话语行为对学生的驱使性尽可能减少，力求达到师生之间的平等交流和互动，营造具有交际性、商讨性与互动性的人际氛围，构建和谐的师生关系[①]。比如，当学生发音或表达错误的时候，当面指出错误可能会伤害学生的自尊，教师最好用正确的方式重新复述学生的表达，这样会让学生感觉到老师能够听懂他的表达，既维护了学生的面子，也让学生能学习到正确的表达。又如，当学生无法回答问题的时候，教师可以降低难度提问，或者用类似“这个问题有点难”（This question is a bit difficult）的话语来降低学生的挫败感，化解学生的尴尬，或者给予学生部分提示，帮助学生表达出自己的观点。再如，和学生对话时，教师可多用将自己和学生并

① 姜晖．基于人际关系管理理论的高校英语教师课堂元话语研究［J］．外语学刊，2020，215（4），45-50.

列包含在内的第一人称复数“we”，构建平等的师生关系，与学生共同建构知识，建构课堂。

教师支持中往往会有一个不易发现的误区：教师觉得自己比较关注学生，课堂内外都经常与学生交流，但实际上教师会不自觉地和热衷于交流的学生互动，而与沉默的大多数学生交流较少。建议教师有意识地记录自己的交流对象，给每位学生均等的关注和交流机会。沉默的学生通常比较害羞或缺乏自信，教师更应主动寻找机会与之交流，让他们感到被关注和接纳。这也涉及下一个因子，即学生平等。

3. 学生平等

学生平等指教师平等对待学生的程度①。如果学生在课堂环境中感受到教师不能对所有学生一视同仁，就可能影响到他们对整体人际关系的感知，从而影响他们对课堂活动的投入和学习的体验。老师应该关注学生的个体差异，如学习风格、兴趣爱好等，并采取不同的教学策略以满足不同学生的需求。这样可以让学生感受到被关注和理解，被平等地对待。

小组活动是大学英语课堂上使用非常普遍的组织形式。一般情况下，教师倾向于指定英语水平较好的或积极性较高的学生当组长，组员倾向于依赖组长一人，由组长负责小组活动的组织、准备和汇报。长此以往，其他组员收获甚微，而组长也容易产生厌烦情绪。破解这种情况的方式是：采取固定分组。根据学生的成绩和课堂表现等将学生大概分为 A、B、C、D 四个等级，对应优秀、良好、中等、较差。每个小组 A、B、C、D 级各一名学生，四人一组。小组活动时，根据任务的难度，指定某个等级的学生做组长，负责小组活动的组织和汇报。比如，对于水平较差的学生，可以负责相对简单

① 任庆梅．大学英语有效课堂环境构建及评价的理论框架［J］．外语教学与研究，2013（5）：740.

的任务，如组织讨论某现象的益处，列举至少三项，借助汇报框架进行汇报。在小组成员的帮助下，即使是词汇量不够的学生，也能在较短的时间内完成语言组织，并能流利汇报。可以设计非常具有挑战性的问题，指定程度优异的学生充当组长，虽然其他同学可能不能提供语言上的帮助，但可以在内容上提供思路。以婚姻话题为例，请学生列出典型中式婚礼和西式婚礼的差异就相对简单，讨论中国传统婚礼上彩礼的意义就比较有挑战性，需要小组集思广益，贡献想法，即便是优秀水平的学生汇报时也需要付出很大的努力。通过这样的设计，固定小组的每位组员都有均等的机会在小组里充当重要的角色，在活动中得到契合自己水平的收获。

以上从师生关系、生生关系方面探讨了大学英语教师如何创设人际支持强大的教学环境。人际支持虽然在课堂环境构建中发挥着不可或缺的作用，但它需要通过学习行为和教学情境影响学习效果，因此，既不能忽视人际支持的重要作用，也不能期待单凭融洽的课堂人际关系就能激发学生达到预期的学习目标，情境的支持必不可少。

三、情境支持维度

情境支持维度包括课堂管理、活动创新、多媒体技术[①]。Fraser 等[②]、

① 任庆梅．大学英语有效课堂环境构建及评价的理论框架［J］．外语教学与研究，2013（5）：738.

② FRASER B，J ALDRIDGE，F ADOLPHE. A cross-national study of secondary science classroom environments in Australia and Indonesia［J］. Research in Science Education，2010（40）：551-571.

Fraser[①]、Boren[②]、任庆梅[③]研究表明，教学情境建立是确保课堂活动有序开展的重要条件，而学习活动是促进课堂教学目标达成的关键。

1. 课堂管理

课堂活动开展及组织的有序程度[④]。良好的课堂教学秩序能够使学生更加关注学习任务，更积极参与课堂活动，产生更高的学习效能感，而更高的效能感又能激发学生参与学习活动的积极性，形成一个良性的循环。

课堂管理最直接、最具体的莫过于课堂规范。在开学第一节课，教师与学生约定好明确的课堂规则和行为准则，哪些是可接受的行为，哪些是不能接受的行为，哪些是有条件可接受的行为。比如，请病假必须有相应的医疗证明，请事假必须有班主任或辅导员签字同意的请假单，并提前一天请假，等等。而且需要明确这些行为在平时成绩里如何体现，不可接受的行为会有怎样的后果。比如，整个学期未完成的作业超过三分之一，会被取消考试资格等。对于迟交作业，严厉的老师会采取直接记为零分的方式；温和的老师会认为作业的目的是让学生巩固知识，因此允许补做，但会在计分上打折扣。在开始课程学习之前，教师与学生达成共识，以教学执行大纲的形式形成契约，作为课程课堂管理的基础。

在课堂上，教师要密切关注学生的课堂行为，吸引学生的注意力。成年

---

① FRASER B. Classroom learning environments: retrospect, context and prospect [A].In B.Fraser et al.(eds.).Second International Handbook of Science Education. New York: Springer, 2012: 1191-1239.

② BOREN R, CALLAHAN C, PEUGH, J. Out with the old, in with the new: factor analyses of a classroom environment measure [J]. Journal of Psychoeducational Assessment, 2011(29): 214-224.

③ 任庆梅．大学英语有效课堂环境构建及评价的影响机制 [J]．外语教学与研究，2018a, 50(5): 703-714+800.

④ 任庆梅．大学英语有效课堂环境构建及评价的理论框架 [J]．外语教学与研究，2013(5): 740.

学生的注意力持续时间一般是 20 分钟。教师设计有吸引力的导入，吸引学生集中注意力，开始第一个教学活动；20 分钟后，学生渐渐进入注意力分散的阶段，此时，可以插入一个 5 分钟的放松活动，如英语幽默故事、趣味经历分享等，让学生在会心一笑中放松大脑，重拾注意力，然后再进入下一个高效学习活动。课堂出现不当行为时，如打瞌睡、刷手机、聊天等，教师要用合理的方式及时加以提醒并制止。对于已是成年人的大学生，批评和惩罚手段会伤害学生的自尊，引发抵触、对抗的情绪，影响学习投入和效果。教师可以使用非言语信号，如眼神交流、手势（如轻拍肩膀、触摸课桌等，但避免直指学生），暗示学生应及时停止不当行为，也可以使用礼貌而温和的语气面向全体学生提出要求。不宜突然点名注意力松散的学生回答问题，这样虽然强行制止了他们的不当行为，但是学生大概率回答不出问题，容易破坏课堂的节奏，打乱教学的连贯性，影响其他同学的学习体验。课后可以私下与有不当行为的学生单独沟通，询问出现问题的原因，积极帮助学生。比如，学生可能因为熬夜准备竞赛，或因为抑郁失眠而在课堂上无法保持饱满的精神，教师的关心和包容反而会使他们更加重视课程学习。

2. 活动创新

活动创新是指教师采用新颖或多样教学方法的程度[①]，是对教学情境创设贡献最大的变量[②]。教学方法越丰富多样，学生越能感受到教学情境的支持性，对学习保持持续的热情。教师应当发挥主导作用，组织创新的教学活动，引领学生探究知识，积极互动，交流思想。活动创新与学习行为维度里的“探究学习”“合作学习”“个性化学习”“与现实联系”因子是相关的。教

① 任庆梅．大学英语有效课堂环境构建及评价的理论框架［J］．外语教学与研究，2013（5）：740.

② 任庆梅．大学英语有效课堂环境构建及评价的影响机制［J］．外语教学与研究，2018a，50（5）：711.

师设计的活动越丰富多彩，越体现学习行为维度的因子，学生对自己在学习活动中获得成长的感知就会越高。

以课堂小组活动为例，展示教师如何采用新颖或多样的设计，创设有效的教学环境，增强学生对活动创新的感知，激发并维持学生的学习热情。前文已经讨论过如何分组、如何指定组长、如何开展破冰活动等问题，这里讨论如何创新组织方式，提高小组活动的效能。

在大学英语课堂中，小组活动是一种常用的教学方式，旨在通过合作完成任务或讨论话题来提高学生的语言应用能力和团队协作能力。大学英语课堂通常每班 30~40 人（大班甚至 50~70 人），按照 4 人一组，可以分为 8~10 个小组，汇报时只能抽查几组，导致课堂效能低下，且容易形成一人或一组汇报、其他人旁听的局面。要改变这种局面，可以采用循环轮流式、交叉重组式等组织方式开展教学活动，提高课堂的效能。

（1）循环轮换式

循环轮换式组织方式，又称为流水轮换式组织方式。将全班分成若干对或小组，每对或小组中的成员作为初始语伴共同开展小组活动。当设定的时间到达或任务完成后，学生按照一定的顺序，如逆时针、顺时针、两排交叉等方式，交换位置，与新的语伴开展新一轮的小组活动。教师监控整个交流过程，提供及时的反馈和帮助，并根据学生的需求和进步情况，调整语伴交换的频率和方式，以达到最佳的教学效果。通过这种循环练习的方式，学生能够在有限的时间内与不同语伴就同一话题进行多轮的反复练习，从而能够更加流利地表达自己的观点，增加自信心。同时，学生能够从不同的语伴身上学习到更多的语言风格和表达方式，强化了协作学习，也增加了班级的融洽度。学生们在轻松愉快的氛围中相互学习、相互帮助，共同提高，形成了良好的学习氛围。

这种高效的小组活动组织方式在同伴对话、角色表演等场景中尤其适用。以同伴对话为例，初始语伴围绕一个给定的话题或提纲展开英语对话。3分钟后，靠过道的一列同学站起，每人向后排退一个位置，而原本在最后的同学则移至第一排，与全新的语伴开始第二轮对话。这一流程每3分钟重复一次，学生在不断循环中交换语伴，深化对话练习。在角色表演的场景中，如模拟面试，这种活动方式同样展现出了其独特优势。学生分成面试官和面试者两组，前后两排对面坐。在面试进行5分钟后，面试者集体顺时针移动一个位置，进入下一轮面试，与新的面试官展开交流。这种循环轮换的方式不仅让学生有机会与不同语伴进行角色扮演，还能在多次实践中提升他们的面试技巧和语言表达能力。

（2）交叉重组式

交叉重组式是一种特殊的分组和角色轮换结合的方式。将全班分成为若干小组，每组被赋予不同的角色或被安排不同的任务，并给每个小组的成员编号1、2、3、4。在初始小组的内部讨论阶段，小组成员根据小组的任务或角色进行协作和讨论，互相分享观点。然后，各个小组的1号成员再一起组成新的一组，2号成员组成新的一组，以此类推。新组成的小组内各成员根据自己原有的角色，完成新小组的任务。这种组织方式的好处在于既能充分利用小组内部的协作优势，又能通过角色的重新组合实现更大范围的交流和知识共享。通过角色的轮换和重组，能够激发学生的兴趣和参与度，增强他们对活动的投入感。

这种小组活动组织方式适用于辩论、小组汇报等场景。以辩论为例，学生若直接分组开展辩论，往往会因为准备不充分或语言水平有限，导致输出语言质量不高，练习效果欠佳。通过初始小组的集体讨论，学生能够充分进行集体协作，共同准备辩论材料，相互补充观点，从而增强英语表达的信心和水平。下面以笔者设计的一次旅游主题单元的口语活动为例进行具体说明。

假设北京一家人在讨论春节的全家度假计划，母亲希望一起回河北老家探望亲人，父亲希望就在家里享受宁静的休息时光，大学生女儿向往海南的温暖阳光与海滩，大学生儿子则渴望踏上欧洲的旅程。将学生分成八个组，A、B、C、D（分别代表父亲、母亲、女儿、儿子），E、F、G、H（分别代表父亲、母亲、女儿、儿子），每组 4 个人，包括 1—4 号成员。首先，每个小组按照被分配的角色讨论所提出的度假计划的优势，同时也分析其他度假计划的潜在劣势。随后，进行重组，A、B、C、D 组的 1 号成员组成新组，2 号成员组成另一组，以此类推，E、F、G、H 组也按此方式进行重组。这样，每个新的小组都包含了家庭中的四个不同角色。家庭会议正式开始，每位成员都提出并捍卫自己的度假计划。由于之前同角色的深入讨论，学生已有了充分的论据和准备，因此家庭会议辩论激烈而有序，效果显著。在整个过程中，教师作为引导者，密切监控讨论进程，提供必要的指导和帮助，同时观察学生的表现。讨论结束后，教师进行总结点评，肯定表现突出的部分，指出可以改进的地方。最后，根据小组推荐和教师的观察结果，选出表现最佳的四个角色代表，邀请他们现场进行家庭会议的角色表演，将整个活动推向高潮。

这种方式也适用于小组汇报，通过多组同时报告、有序交替，改变了一人汇报全体听讲的常态，大大提高了课堂的效能。将学生分成 A 至 F 共 6 个小组，每组 5 个人。每组围绕不同的主题展开前期准备，收集资料，整理观点，进行小组内部讨论，形成汇报内容，每个人在课前都进行预演。在课堂上，重新分组，A 至 F 组的 1 号成员组成新组，2 号成员组成另一组，以此类推，共有 5 组，分别在教室的 5 个不同区域（如有条件，每个区域设置一个汇报台），各成员轮流汇报，其他倾听的同学提问交流。通过重组交叉，每位同学都得到了展示的机会，锻炼了团队合作和沟通能力，也从其他组的汇报中获得多元的视角，拓宽了视野。

本书以小组活动为例，深入探讨了教师如何通过精心设计，创新学习活动组织方式，增强学生对学习活动创新性的感知，从而感受到课堂情境的支持性。需要的强调是创新与守正的平衡。如果每节课都采取新的教学活动，容易让学生产生眼花缭乱、无所适从的感觉，而且解释新活动的规则和步骤等也会耗费宝贵的课堂时间。课堂上应该保持常规的项目，如轮流演讲，同伴三分钟对话等，适时适量地加入新的学习活动。开展复杂的课堂活动时，应该给出清晰的活动指令，及时调整混乱局面。当所有学生都熟悉了活动规则，并顺利完成整个流程后，这个活动就可以成为常规项目，下次活动只要一提及活动的名字，学生便能迅速进入这项课堂活动。

3. 现代教育技术

在任庆梅提出的大学英语有效课堂环境构建及评价理论模式里，教学情境支持因子之一是多媒体设备对课堂教学的辅助程度[①]。多媒体运用是情境支持构建的主导要素[②]。随着信息技术被越来越广泛地运用于教学，这个因子应当扩展为内涵更为丰富的现代教育技术。

现代教育技术的运用对教学的有效性起着重要的影响。合理高效地运用现代教育技术能够提高教学质量，满足不同水平学生的需求[③]。Chandra 等[④]、

① 任庆梅．大学英语有效课堂环境构建及评价的理论框架［J］．外语教学与研究，2013（5）：740.

② 任庆梅．大学英语有效课堂环境构建及评价的影响机制［J］．外语教学与研究，2018a，50（5）：711.

③ HANNAN A，H SILVER. Innovating in higher education：teaching learning and institutional cultures［M］. Buckinghan：Open University Press，2000.

④ CHANDRA V，LLOYD M. The methodological nettle：ICT and student achievement［J］. British Journal of Educational Technology，2008，39（6）：1087-1098.

Kazu 等[①]、Ozerbas 等[②]研究表明，技术赋能的创新学习环境对学生的学术成绩有显著的提高作用。教师可以使用多媒体技术、网络技术、信息技术、虚拟现实技术、人工智能技术等现代教育技术手段，来补充传统的课堂教学，为学生提供丰富的学习资源和灵活多样的学习路径。以前文提及的小组汇报为例，教师可以利用在线平台发布小组任务，提供学生完成任务需要的辅助学习资源和资源路径。小组在课后讨论后，通过平台上传汇报成果，以图片、视频、PPT 等多种形式进行直观展示，教师和学生对小组成果进行评价。在线平台的使用提升了小组活动的效率与便捷性，促进了知识共享和经验交流，也方便记录学生的学习轨迹和成长过程，为后续的个性化教学提供依据。

然而，构建有效的教学环境并非单纯追求技术的现代化和数量的多寡，而应注重技术的适用性和教学需求的匹配性。过度的技术堆砌或盲目追求先进性，并不一定能带来教学效果的显著提升。教师应结合学生的实际情况和需求，科学合理地选择和运用教育技术，防止将课堂教学从“人灌”变成“电灌”。现代化教学手段不能替代传统教学手段。两者并非互相取代的关系，而是相互补充的关系，只要能够服务提高教与学的效果、提高教学质量，都可以灵活运用于教学。现代教育技术的使用也不能替代师生之间的人际交往与情感交流，不能替代教师给予学生思想上的引领，情感、人格、审美等方面的熏陶和感染。因此，现代教育技术的应用只是手段，不应为了使用而使

① KAZU I Y, DEMIRKOL M. Effect of blended learning environment model on high school students' academic achievement [J]. TOJET: The Turkish Online Journal of Educational Technology, 2014, 13 (1), 78-87.

② OZERBAS M A, ERDOGAN B H. The effect of the digital classroom on academic success and online technologies self-efficacy [J]. Journal of Educational Technology & Society, 2016, 19 (4): 203-212.

用，而是应该“把提高教与学的效果放在首位”[①]，即将其作为首要目的。

综上所述，大学英语教师可以从多个维度创建有效的课堂环境，实现学习行为、人际支持、情境支持共同发展，以促进学生的学习投入，激发学习兴趣，增强学习动力，提升学习效果。[②]

① 教育部高等学校大学外语教学指导委员会 . 大学英语教学指南［M］. 北京：高等教育出版社，2020：18.

② 任庆梅 . 大学英语有效课堂环境构建与评价量表实证检测［J］. 教育研究，2016（4）：111.

第七章

教育创新的成效与反思

第一节　教育创新的成效

面对新时代的要求，结合复杂的校本实际，从 2014 年起，案例学校的大学英语教学团队超前识变、积极应变、主动求变，在课程课标、课程体系设置、教学内容、教学模式等方面进行了多年的创新与实践，破解发展的困境，逐渐形成特色和亮点，在人才培养、教师成长、社会影响三个方面取得了明显的成效。

一、人才培养见实效

笔者所在的学校每学期 9000 多名学生修习大学英语。从 2014 年起，持续不断的大学英语教学改革和教育创新惠及了全校的学生，取得了显著的育人成效。学生英语成绩普遍提高，毕业生大学英语四级累计通过率稳步提升，10 年增长了 18.43%。近年来，学生在市级以上英语演讲、阅读、写作竞赛中获奖人数大幅增加。学生英语文献阅读能力和写作能力获得提升，在国际学科赛事中获得大奖。学生参加冬奥会、残奥会志愿者服务，运用英语展现首都青年的国际风采。

二、教学教研双提升

案例学校自推动教学模式改革以来，广大教师积极参与、积极实践，在积极推动教学模式改革和创新的同时，自身的执教能力和教育教学素养也得到了提升。教学能力方面，团队教师使用技术赋能教学的能力提升尤其显著。这一点在 2020 年春季的大规模线上教学中得到了充分的体现。考虑到原有的平台承受不住大规模同步在线，且不是专业的外语学科教学平台，案例学校外语部经过调研，决定切换平台，将资源部署到高等教育出版社 iSmart 平台上。由于多年的实践，在突发而来的教学平台大切换时，案例学校外语部的教师团队快速适应新平台，有序开展教学活动。根据高等教育出版社提供的 2020 年春季的英语在线教学统计数据，在全国 1386 所使用该平台的高校中，案例学校的师生在 iSmart 平台活跃度名列全国第二[①]。这一数据充分展现了团队教师使用新技术赋能教学的能力。

团队不断涌现优秀教师，近年来在“外教社杯”全国高校外语教学比赛、中国外语微课大赛、校教师教学创新大赛、校中青年教师执教能力比赛等各类教学比赛中屡获佳绩，获得课程奖、教学成果多项。例如，F 老师将语言学习与育人元素自然融合，以“梦想”为主题的展示课在“外教社杯”全国高校外语教学比赛中得到了来自北京各大高校评委的普遍好评，获得北京赛区特等奖。R 老师创新“智慧化”的课堂教学环境，以“新文科”为背景融入专业内容，获得校教师教学创新大赛一等奖。笔者主讲的“大学英语”课程获得了省部级高校优质本科课程；团队教师建设的“跨文化交际”“人工智能英语进阶级”“大学英语Ⅲ”课程获校级一流课程。“大学英语线上线下混合式教学模式”获得学校教学成果一等奖。

团队的教研能力取得了显著提升，教研成果实现重大突破，共发表教学改革相关的核心期刊论文 22 篇，其中 C 刊 11 篇，B 刊 2 篇。大学英语线上线下混合式教学模式的研究在国内起步早，理论上有创新。团队负责人在大

① 张殿恩，张秦玥．新时代背景下大学英语课程设计与实践探究——以北京联合大学为例［J］．唐山师范学院学报，2022，44（5）：130.

学外语研究期刊《外语界》发表文章，首次提出“有效输入—人机交互—翻转课堂—过程考核”混合式教学模式、慕课设计理念和实践，成为高引论文。团队立项与教学相关的纵向课题立项 38 项，其中国家社会科学基金项目 1 项、省部级项目 4 项。国家社会科学基金项目“新时代大学英语线上线下混合式教学模式研究”项目是多年来国家社会科学基金项目里罕见的大学英语教改方面的立项。这项国家社会科学基金项目的研究成果来源于实践，也为实践提供了重要的理论指导。

三、社会影响渐扩大

案例学校外语部教师团队建设的在线资源在北京乃至全国高校形成良好辐射。“人工智能英语（基础级）”与“人工智能英语（进阶级）”两门慕课在中国大学慕课平台滚动开课多轮，上万名学生选修。3 本人工智能专业英语教材已由外研社、清华大学出版社出版，面向全国发行。其中，《人工智能英语基础教程》与《人工智能英语读写教程》被清华大学出版社列入高校专门用途英语系列教材。“机器人英语”和“轨道交通英语”被高等教育出版社列为与高校首批精品在线课程合作项目，由高等教育出版社 iSmart 平台推送。“跨文化交际”课程已在中国大学 MOOC 平台开课 10 轮，入选学堂在线第二批出海印度尼西亚在线课程清单，助力印度尼西亚高校在线教学服务。案例学校牵头联合北京兄弟院校开发的在线资源在北京高校形成良好的辐射，例如，“这就是中国”英语在线课程被北京服装学院用于留学生教学，“论文写作”系列微课被首都经贸大学和北京服装学院用于硕士研究生教学[①]。

案例学校外语部教师团队成员通过论坛主旨发言、论文发表、成果宣传

① 张殿恩，张秦玥 . 新时代背景下大学英语课程设计与实践探究——以北京联合大学为例［J］. 唐山师范学院学报，2022，44（5）：130.

等形式，宣传学校的教育创新成果，扩大了社会影响力。团队成员在十几场重要会议宣传了案例学校的大学英语教育创新实践和成果，如全国高校外语学术高级论坛、全国高校大学英语教研室主任高级论坛、北京市高教学会大学英语研究分会学术年会等；在北京内外高校做过60余场专题报告，并接待兄弟院校的调研，受众面广，反响热烈。北京市高教学会大学英语研究分会、外语学术科研网以及文华在线等机构均对案例学校的大学英语教育成果进行了报道①。案例学校的大学英语教育创新实践和成果广泛传播，产生了积极的社会影响。

第二节 教育创新的关键因素

面对新时代的教育挑战与机遇，案例学校的大学英语教学团队深刻认识到，教育创新是推动教学质量提升和人才培养质量增强的核心动力。回顾团队的创新探索历程，机制是保障、教师是关键、研究是引擎，三者共同构成了教育创新的关键因素。正是这些因素的协同作用，使得案例学校的大学英语教学取得了显著成效，为新时代的教育改革与发展提供了有益的借鉴与启示。

一、机制是保障

大学英语课程体量大、受众广、改革难度大，学校的创新氛围、政策制

① 张殿恩，张秦玥．新时代背景下大学英语课程设计与实践探究——以北京联合大学为例［J］．唐山师范学院学报，2022，44（5）：130.

度、经费支持等是教学改革成功的重要保障。针对多校区办学的情况，学校历来重视大学英语教学改革，引领百名大学英语教师“内合外联”，充分交流，特别支持大学英语分级教学、跨专业融合，突出应用，建立了多校区大学英语教学运行机制，为全校大学英语教学改革提供强有力的政策支持和保障。

长期以来，尤其自 2014 年起学校每年给予充足的经费，支持大学英语教学改革。除每年基础研究经费外，教务处连续多年提供教学改革经费，或以“重点项目”“特色项目”“卓越教学项目”等形式支持，尤其是外语部的在线课程资源建设和大学英语的线上线下混合式教学改革，累计投入数百万元。人事处每年提供足量的教师培训经费，支持和保障大学英语教师进行专项进修和外出交流学习，包括国内外访学。

学校为大学英语教师教学和科研的成长提供了良好的环境。学校设立了“在线课程建设”“创新课程建设”“通识核心课程建设”等项目，开展了“教师教学创新比赛”“优秀教学奖比赛”“优质本科课程评比”“优质本科教材 / 课件 / 教案评比”等活动，开设了“新教师培训班”“新晋升高级职称教师培训班”等培训项目，建立了教学激励机制，大力度表彰品德高尚、学术卓越、教学优秀的教师，促进教师精益求精，勇于创新。

学校制定了引导课程改革、引导教师投入教学的政策，健全了教学激励机制和分类评聘机制，激发了教师参与教学创新的积极性和主动性。学校强有力的支持为大学英语教师团队的成长提供了坚实的保障。

二、教师是关键

教师在教育创新中扮演着举足轻重的角色。教师是教育创新的实践者、推动者和引领者，其专业素养、教育理念和教学能力直接影响着创新的效果和质量。教师教学素养和执教能力的提高更是关乎高等教育教学质量的提高和教育教学改革的成效。高素质的教师队伍，特别是业务能力较强、专业水平较高的青年教师，对高校人才的培养将会产生深远的影响。

外语教师应该提升哪些方面的素养？最关键的素养是外语教师自身的道德素养，如田式国[①]指出的“政治思想和人格”、束定芳[②]提出的“人品修养与性格”。外语教师还应提升专业素养。专业素养指外语教师完成教学岗位工作必须具备的观念、知识和技能，包括外语教育理论、科学文化知识、专业知识、语言功底和应用能力、教学技能与方法。外语教师素养还包括学习发展的能力。因此，吴一安[③]提出了“互相渗透、动态互动”优秀外语教师的专业素质框架，包括外语学科教学能力、外语教师职业观与职业道德、外语教学观以及外语教师学习与发展观四个维度。随着信息技术的发展和在外语教学的普遍运用，信息化水平也成为外语教师必须提升的素养。2020 版的《大学英语教学指南》指出：大学英语教师要主动适应高等教育发展的新形势，主动适应大学英语教学的新要求，不断提高自身的育人素养、学科素养、教学素养和科研素养，提高信息化水平[④]。

教师综合素养的提高直接关乎教学改革的成功与否，是提高外语教学质量的关键要素。教育部副部长吴岩指出，“改到深处是课程，改到实处是教材，改到痛处是教师”[⑤]。

大学英语教师应如何提升专业素养？首先，持续学习是关键。教育者先

① 田式国．英语教学理论与实践［M］．北京：高等教育出版社，2003.

② 束定芳．外语教学改革：问题与对策［M］．上海：上海外语教育出版社，2005.

③ 吴一安．优秀外语教师专业素质探究［J］．外语教学与研究（外国语文双月刊），2005（5）：199-205.

④ 教育部高等学校大学外语教学指导委员会．大学英语教学指南［M］．北京：高等教育出版社，2020：21.

⑤ 吴岩．锻造中国“金师”［EB/OL］．［2022-10-05］［2024-01-10］.http：// news.xjtu.edu.cn/info/1003/185643.htm.

受教育。大学英语教师应该与时俱进，不断更新自己的学科知识，关注外语教育领域的新理念、新方法和新技术，提升自己的综合素养，掌握新的教学方法和教学技术，并加强自我反思，不断完善自己的教学理念和教学方法，提高教学效果。其次，参与教研活动也是提升专业素养的有效途径。大学英语教师应积极参加教研活动，与同行交流教学经验，分享教学心得，通过集体备课、观摩课、研讨课等活动，相互学习、相互借鉴。最后，教学比赛是提高教师执教能力和教学素养最有效的途径和手段之一。教学比赛注重考查教师的综合素养和教育教学能力，考查教师如何在遵守教学规律和学生能力发展需求的基础之上科学地进行教学设计、合理地安排教学活动，如何运用现代化信息手段与外语课堂深度融合，用信息化教学手段支撑教学，聚焦教学重点、难点，以及如何多元化地合理地运用各种评价手段全方位地对学生的学习过程进行考核。教学比赛是对教师综合能力的考查，可以起到“以赛代练，以赛促教”的效果。在比赛过程中，教师们组成团队，形成合力，也加强了团队协作和互相学习。外语部通过组织比赛观摩、获奖经验交流、优秀教学案例说课视频录制、优秀教案选编等活动，加强榜样的辐射作用，营造创新的团队氛围，带动整个团队的执教能力和教学素养的提升。

学校和部门要建立健全促进教学的激励机制，把教师参与教学创新的情况和教学效果作为教师考核评价、岗位聘用、评优奖励、选拔培训的重要内容，通过课题立项激励教师主动参与教学创新研究与实践。大学英语教学创新不应止步于个别教师的创新，应该是整个团队的创新，要将教师培训常态化、教学研讨定期化、教学管理科学化，“建设师德高尚、业务精湛、充满活力的大学英语教师队伍”①。

① 教育部高等学校大学外语教学指导委员会．大学英语教学指南［M］．北京：高等教育出版社，2020：21.

三、研究是引擎

在教育创新实践的过程中，研究是不可或缺的引擎。研究不仅能够为创新提供理论支撑和科学依据，还能够推动创新实践的深入发展。首先，研究者通过研究能够洞察教育现象的本质，总结规律，为创新提供理论指导和方向。其次，研究者能够通过研究探索出教育创新的有效路径和方法，发现创新实践中的成功经验和存在的问题，为改进和创新提供具体的建议。

案例学校的外语部教师团队一直重视教学研究与教学实践的结合。部门每年组织申报校级教学改革和研究课题、教育研究课题、市级教育规划课题、市级教学改革项目、北京高等教育协会课题、全国高等教育协会课题等教学相关课题，举行公开的现场答辩，聘请专家进行点评指导，提升教师的教研水平。对于有研究基础的团队，部门给予经费支持进行高水平项目培育。部门还以教研室为单位，开展由部门承担的专项教改课题的子项目培育，汇聚团队的力量，开展智慧教室大学英语教学、四新建设视域下的大学英语教学、隐性分层教学、艺体类特色英语教学等专项研究，带动教研室负责的课程的教改实践。

正是得益于团队持之以恒地将研究与实践紧密结合，团队在教研成果上取得突破，研究来自实践，又反哺实践，真正实现教研相长。例如，外语部教师团队 2018 年获批立项的国家社会科学基金项目“新时代大学英语线上线下混合式教学模式研究”就基于从 2014 年开始的先行探索。依托这一项目，外语部教师团队推动了全校范围内的大学英语教学模式改革，取得了更为丰硕的研究成果，反哺教学实践，形成了良性的循环。

第八章

总结

第一节　结论

大学英语教育既面临着历史的机遇，也面临着诸多的挑战。作为大多数非英语专业大学生必修的公共基础课程和核心通识课程，大学英语教学必须与时俱进，承担时代重托，培养担当民族复兴大任的高素质人才。本书基于笔者与其团队在大学英语教育领域的多年建设经验，以某一地方应用型高校为案例，从教学理念、教学目标、教学内容、教学模式、教学环境等方面探讨了地方应用型高校的大学英语教育创新的理论与实践路径。

一、教学理念创新

OBE 理念体现了以学生为中心的教育哲学思想，高度重视社会环境对人才的实际需求，实践路径清晰可测，在专业认证中得到广泛运用。这一理念也适用于大学英语教育。全人教育理念提倡人与社会双重的价值，致力于培养具备健全人格、独立思考能力以及全面发展的人才，可以为我国的大学英语教育提供重要的理论指引。长期以来，大学英语教育过度强调其工具性特质，过分聚焦于语言知识的灌输和技能的机械训练。全人教育理念的引入将扭转大学英语教育中过于强调工具性的倾向，强化其人文性取向，从而引导学习者提升人文素养，拓宽视野，开阔思路，朝着成为“全人”的目标全面发展。

OBE 理念有着潜在的功利化、僵化的倾向，恰好可以由全人教育理念加以弥补。全人教育理念的落地存在着缺乏系统性、可操作性、可测量性的问题，而OBE理念的标准范式恰好能解决这个问题。两者互相补充，作为大学英语教育的指导理念，贯穿教学目标的确定、教学内容的选择、教学活动的开展、教学评价的实施，贯穿培养“完整的人”的整个教育过程。

二、教学目标创新

大学英语的教学目标是一个多层次、自上而下的体系，可以分为宏观层面、中观层面和微观层面。宏观层面是指校本特色的教育目标，中观层面是每一门具体大学英语课程的教学目标，微观层面是更为具体的单元目标和课堂目标。目标制定遵循OBE理念的向下设计原则，贯彻全人教育的理念。通过层层递进和相互关联，培养目标、毕业要求、课程教学目标、课堂教学目标形成了一个紧密的体系。

尽管大学英语不作为一个独立的专业存在，但在高校的教育体系中，它依然占据着举足轻重的地位，因此制定宏观目标是至关重要的。《大学英语教学指南》扮演着类似OBE教学设计框架中“培养目标”的角色。根据OBE理念，大学英语的校本宏观目标还要与学校的人才培养总目标相互参照，确保目标的设定既符合《大学英语教学指南》的要求，又能体现学校的校本特色。

大学英语课程体系支撑培养目标和毕业要求。大学英语课程体系的规划，落实到实操层面上，就是课程的设置。课程设置立足本校实际。目前，基础级别的通用英语仍是地方应用型高校的主流需求。地方应用型高校可以设置以通用英语课程为主体、专门用途英语和跨文化沟通课程为辅的大学英语课程体系。

大学英语课程的教学目标对应毕业要求。在实际操作过程中，对于面向全体学生开设的通用英语课程目标，可依据学校发布的毕业总要求来制定。针对特定专业开设的专门用途英语课程，在条件允许的情况下，与专业负责人沟通协作，制定出紧密支撑专业毕业要求的细化指标的课程目标。

英语课堂教学目标是落实课程教学目标的关键途径，也是实现人才培养目标的“最后一公里”。英语课堂教学目标要与宏观和中观的目标相契合，还要深入分析教学材料本身的特点以及学生的实际情况。

三、教学内容创新

教学目标是教学内容的“指挥棒”和“指南针”。教学内容的选择更多取决于课程的具体目标。在确定教学内容时，应当避免使用过于宽泛的表述。教材是教学内容的主要载体。目前，大学英语教材在内容方面普遍存在教学内容时代性欠佳、育人元素融入不足、中华文化元素融入不足等问题。作为教材使用者的大学英语教师应根据课程的教学目标和学生的实际情况，灵活使用教材，重构教学内容。教学内容的重构，是教改的“实处”，是推动大学英语教育创新的关键所在。

教师可以通过持续开发校本教学资源、充分挖掘教材育人元素、有机融入中华文化元素，来重构教学内容。在持续开发校本教学资源方面，在线资源建设是有效途径，团队共建是重要策略。在多主体共建的过程中，外语教师是团队的主要力量，各学院的专业教师是学科专家，教务处、网络中心等部门是团队中的坚强后盾，学生是开发建设校本教学资源不容忽视的力量。

大学英语教师应该深入挖掘教材中蕴含的育人元素，强化价值引领性。这是重构教学内容、弥补教材育人元素融入不足的可行途径。中华文化本身就蕴含着丰富的育人资源，中华文化的融入与育人元素的挖掘同向而行。

作为与文化有着天然联系的语言课程，大学英语的教学内容应当有机融入中华文化元素。对于地方应用型高校而言，在融入中华优秀传统文化时，应特别关注地方特色的中华文化融入，拓宽教学内容的广度。中外对比的视角是外语教材融入中华文化的独特视角。提升学生用英语讲好中国故事的能力是中华文化融入的目标之一。

四、教学模式创新

大学英语线上线下混合式教学模式是信息技术与教育融合背景下的大势所趋。这一模式有助于满足地方应用型高校学生多元化、差异化的英语学习需求，解决教学资源不足、多校区办学资源分散的困境。

大学英语线上线下混合式教学模式包括四个板块:“有效输入”“人机交互”“翻转课堂”“过程考核”。这四个板块相互联系，密不可分，形成完成的系统。

有效输入是大学英语线上线下混合式教学模式的首要问题。大学英语课程的在线输入主要以语言基础知识为核心，同时涵盖浅层次的思维问题，并辅以适当比例的开放性和探究性问题。可以参照“讲—学—练—测”的方式，借助人机互动，在线完成基础知识的输入。输入应遵循“合、精、新”的原则。

人机交互是大学英语线上线下混合式教学模式的第二个板块。人机交互环境的搭建首先是教学平台的选择。鉴于大学英语的学科特点，专业的外语学科教学平台更适合大学英语线上线下混合式教学。各种技术手段的安排和应用以适度为原则，尽可能地弥补社会因素的缺失。

翻转课堂是大学英语线上线下混合式教学模式的重要组成部分。大学英语课程只有通过精准的、环环相扣的设计，才能实现线上线下同步，实现教学效果最大化。基于地方应用型高校学生的英语学习特点，经过多年的行动研究，团队总结出“课前—课中—课后”的九步环节，构成翻转课堂的闭环。

大学英语线上线下混合式教学模式采取过程考核的方式，要做到评价内容多维度、评价手段多样化和评价主体多元化。

五、教学环境创新

教学环境方面包括物理教学环境和社会心理环境。教室环境对学习者的影响已经得到研究者的多方验证。大学英语教师应对教室环境保持高度的关注，特别是座位布局。智慧教室在内容呈现、环境管理、资源获取、及时互动和情景感知方面展现了“智慧性”，给外语教学环境带来了深刻变化。目前，智慧教室用于外语教学的研究和实践仍处于初步尝试阶段。未来需要更好地发挥智慧教室的特色和优势，推动智慧环境下的教学创新。

课堂中教学氛围、师生关系、生生关系等各种社会心理环境因素构成了社会心理环境，也是影响学生课堂行为和学习效果的重要因素。从学生感知的视角出发，课堂环境评估框架为教学环境创新提供了切入点。这一视角包括以下三个维度。

从学习行为维度看，要确保学生明确学习目标、学习重点和学习活动的要求。教师在设计课堂教学活动时，应该注重学习活动的组织和实施，确保活动内容与教学目标紧密相连，同时也要注意活动体现探究学习、合作学习、个性化学习的特点，活动与现实紧密联系。

从人际支持维度看，大学英语课堂要创造机会让学生增强了解，互相帮助与支持。大学英语教师支持在构建英语课堂环境中的人际支持方面起到了最大的贡献作用。在学生平等方面，教师应该关注学生的个体差异，如学习风格、兴趣爱好等，并采取不同的教学策略以满足不同学生的需求。

从情境支持维度看，课堂管理最直接、最具体的是课堂规范。在课堂上，教师要密切关注学生的课堂行为，吸引学生的注意力，及时用合适的方式纠偏。现代教育技术的运用对教学的有效性起着重要的影响，构建有效的教学环境应注重技术的适用性和教学需求的匹配性。

从学生的感知视角出发，讨论教学环境的创新，实际上远远超越了狭义的以教室为基础的教学环境范畴，涉及教学环节中的方方面面。

六、创新关键因素

在大学英语教育的创新过程中，机制是保障、教师是关键、研究是引擎，三者共同构成了影响创新的关键因素。正是这些因素的协同作用，使得案例学校的大学英语教学取得了显著成效，为新时代的教育改革与发展提供了有益的借鉴与启示。

大学英语课程体量大、受众广、改革难度大，学校应制定引导课程改革、引导教师投入教学的政策，健全教学激励机制和分类评聘机制，激发教师参与教学创新的积极性和主动性。学校强有力的支持为大学英语教师团队的成长提供坚实的保障。

教师是教育创新的实践者、推动者和引领者，是提高外语教学质量的关键要素。大学英语教师应不断提高自身的育人素养、学科素养、教学素养和科研素养，提高信息化水平。持续学习是关键，参与教研活动、参加教学比赛是提升专业素养的有效途径。应将教师培训常态化、教学研讨定期化、教学管理科学化，建设师德高尚、业务精湛、充满活力的大学英语教师队伍。

在教育创新实践的过程中，研究是不可或缺的引擎。研究不仅能够为创新提供理论支撑和科学依据，还能够推动创新实践的深入发展。研究来自实践，又反哺实践，真正实现教研相长。

第二节 启示与应用

我国的地方高校占据了普通本科高校总数的绝大部分比例，数量庞大，分布广泛，是推进高等教育普及化的生力军。其中，地方应用型高校在服务地方经济社会发展方面发挥着重要的作用，为地方提供有利的人才支撑和智力支持。大学英语教育的创新对于地方应用型大学具有重要的意义。在新的机遇和挑战下，地方应用型高校的大学英语教育何去何从？从哪些方面创新？如何创新？本书以一所代表性的地方应用型大学作为案例，采用“质”和“量”相结合的研究方法，通过剖析教学理念、教学目标、教学内容、教学模式、教学环境等方面的创新，集中讨论了地方应用型大学英语教育创新的理论和实践路径，展示了教师在面对新时代教育挑战时，如何积极应变、主动求变，更展现了创新在教学中的巨大潜力和价值。希望这一尝试能为地方应用型高校的大学英语教育提供有益的借鉴。

本书在讨论中采用了丰富的实践案例，为理论分析提供了生动、具体的例证，使读者能够更加直观地理解和感受创新的实际应用和效果，理解创新背后的理念、原则和方法，从而更好地将创新理念和方法应用于教学实践。案例均来自一线教师的真实课堂实践，具有极强的实操性。笔者特意将部分案例聚焦于课堂中最普遍使用的方式——小组活动，讨论了如何分组、如何指定组长、如何开展破冰活动、如何创新小组活动组织方式、如何借助现代教育技术开展小组活动等，希望能为同行提供了些许参照和启示。

本书回顾了团队的创新探索历程，总结了教育创新的关键因素，探讨了如何从机制上促进创新，如何激发教师的内动力提升教师素养，如何发挥研究的引擎作用，教研相长。

本书注重探讨信息技术与大学英语教育的深度融合，以案例地方应用型高校为例，揭示了线上线下混合式教学模式在满足多元需求、解决多校区办学资源分散等问题方面的作用。希望能为分享优质教学资源、促进教育公平的实践提供良好的借鉴，也能为数智赋能教育改革发展提供有意义的理论和实践探索。

第三节　未来研究方向

由于篇幅有限等原因，本书未能覆盖大学英语教育创新的所有方面，所探讨的内容也存在着不够全面的问题。例如，指导大学英语教育的理念不仅限于 OBE 理念和全人教育理念，本书未能逐一进行深入研究。在探讨线上线下混合式教学模式时，本书主要聚焦于基于校本资源的在线资源建设与教学改革实践，特别是针对通用英语课程的资源，对于专门用途英语课程的讨论相对较少。在教学评价的创新方面，尽管在线上线下混合式教学模式的“过程考核”部分有所涉及，但并未单独成章进行详尽讨论。因此，未来需要对这些领域进行更为深入和系统的研究。

另外，人工智能技术正以其独特的魅力与潜力，成为当下教育领域最有颠覆性的技术力量，即将重塑教与学的生态，为大学英语教育的创新与发展提供了前所未有的机遇。由于这一新生力量在外语教学中的运用仍处于刚刚起步的阶段，本书未能对其进行充分的讨论，这也为后续的研究留下了宝贵的空间与机会。

参考文献

［1］ABEYSEKERA L，DAWSON P. Motivation and cognitive load in the flipped classroom：definition，rationale and a call for research［J］. Higher Education Research & Development，2015（1）：1–14.

［2］AESAERT K，VANDERLINDE R，TONDEUR J，et al. The content of educational technology curricula：a cross–curricular state of the art［J］. Educational Technology Research and Development，2013，61（1）：131–151.

［3］AUSTER G. Blended learning as a potentially winning combination of face–to–face and online learning：An exploratory study［J］. Teaching Sociology，2016，44（1）：39–48.

［4］BLACK P，WILLIAM D. Developing the theory of formative assessment［J］. Education Assessment，Evaluation and Accountability，2009（21）：5–31.

［5］BOREN R，CALLAHAN C，PEUGH J. Out with the old，in with the new：factor analyses of a classroom environment measure［J］. Journal of Psychoeducational Assessment，2011（29）：214–224.

［6］BYERS T，MAHAT M，LIU K，KNOCK A，IMMS W. Systematic review of the effects of learning environments on student learning outcomes［R］. Melbourne：University of Melbourne，LEaRN，2018. Retrieved from：http：//www.

iletc.com.au/publications/reports.

[7] CHANDRA V, LLOYD M. The methodological nettle: ICT and student achievement [J] . British Journal of Educational Technology, 2008, 39 (6): 1087–1098.

[8] CHANG T W, HSU J M, YU P T. A comparison of single– and dual–screen environment in programming language: cognitive loads and learning effects [J] . Educational Technology & Society, 2011, 14 (2): 188–200.

[9] CHEUNG A, SLAVIN R E. How features of educational technology applications affect student reading outcomes: a meta–analysis [J] . Educational Research Review, 2012, 7(3): 198–215.

[10] COLVIN J, TOBLER N, ANDERSON J A. Productivity and multi–screen computer displays [J] . Rocky Mountain Communication Review, 2007, 2 (1): 31–53.

[11] DEVLIN M, G SAMARAWICKREMA. The criteria of effective teaching in a changing higher education context [J] . Higher Education Research & Development, 2010 (29): 111–124.

[12] DORMAN J. Classroom environment research: progress and possibilities [J] . Queensland Journal of Educational Research, 2002 (18): 112–140.

[13] DORMAN J. The impact of student clustering on the results of statistical tests [A] . In B. Fraser et al. (eds.) . Second International Handbook of Science Education. New York: Springer, 2012: 1333–1348.

[14] DRISCOLL M. Blended learning: let's get beyond the hype [J] . E–learning, 2002(4): 1–3.

[15] DZIUBAN C, HARTMAN J, MOSKAL P. Blended learning [J] .

EDUCAUSE Center for Applied Research, 2004(7): 4.

[16] FORTUIN J, GEEL M, VEDDER P. Peers and academic achievement: a longitudinal study on selection and socialization effects of in-class friends [J]. Journal of Educational Research, 2016(1): 1-6.

[17] FRASER B. Classroom Environment [M]. London: Croom Helm, 1986.

[18] FRASER B. Classroom learning environments: retrospect, context and prospect [A]. In B. Fraser et al. (eds.). Second International Handbook of Science Education. New York: Springer, 2012: 1191-1239.

[19] FRASER B, J ALDRIDGE, F ADOLPHE. A cross-national study of secondary science classroom environments in Australia and Indonesia [J]. Research in Science Education, 2010 (40): 551-571.

[20] HAGHIGHI M M, JUSAN M M. Exploring students' behavior on seating arrangements in learning environment: a review [J]. Procedia-Social and Behavioral Sciences, 2012 (36): 287-294.

[21] HALVERSON L R, GRAMHAM C R. Learner engagement in blended learning environment: a conceptual framework [J]. Online Learning, 2019, 23 (2): 145-178.

[22] HAMDAN N, et al. A review of filipped learning [J/OL]. (2013-08) [2023-05-12]. https: //www.researchgate.net/publication/338804273_Review_of_Flipped_Learning.

[23] HANNAN A, H SILVER. Innovating in higher education: teaching learning and institutional cultures [M]. Buckinghan: Open University Press, 2000.

[24] HIGGINS S, HALL E, WALL K, WOOLNER P, MCCAUGHEY C. The impact of school environments: a literature review [J]. 2005, Retrieved from http:

//www.cfbt.com/PDF/91085.pdf.

[25] HOLOTESCU C, et al. Integrating MOOCs in blended courses [R]. Bucharest: The 10th International Scientific Conference eLearning and Software for Education, 2014.

[26] HUANG S F. The relationship between teacher and peer support and English-language learner's anxiety [J]. English Language Teaching, 2010 (1): 32-40.

[27] HURTUBISE L, et al. The flipped classroom in medical education: engaging students to build competency [J]. Journal of Medical Education & Curricular Development, 2015 (2): 35-43.

[28] KATHLEEN F. Upside down and inside out: flip your classroom to improve student learning [J]. Learning and Leading with Technology, 2012 (6): 12-17.

[29] KAZU I Y, DEMIRKOL M. Effect of blended learning environment model on high school students' academic achievement [J]. TOJET: The Turkish Online Journal of Educational Technology, 2014, 13 (1), 78-87.

[30] KORR J, et al. Transitioning an adult-serving university to a blended learning model [J]. The Journal of Continuing Higher Education, 2012 (60): 2-11.

[31] KRAMSCH C. Context and culture in language teaching [M]. Oxford: Oxford University Press, 1993.

[32] KRASHEN S D. The Input hypothesis: issues and implications [M]. London: Longman, 1985.

[33] MANCA S, CERINA V, TOBIA V, SACCHI S, FORNARA F. The

effect of school design on users' responses: a systematic review (2008-2017)[J]. Sustainability, 2020, 12 (8): 34-53.

[34] MCGEE P, REIS A. Blended course design: a synthesis of best practices [J]. Journal of Asynchronous Learning Networks, 2012, 16 (4): 7-22.

[35] MULLER C, MILDENBERGER T. Facilitating flexible learning by replacing classroom time with an online learning environment: a systematic review of blended learning in higher education [J]. Educational Research Review, 2021 (1): 1-16.

[36] NORAZMAN N, ISMAIL A H, JA'AFAR N H, et al. A review of seating arrangements towards the 21st century classroom approach in schools [J]. Malaysian Journal of Sustainable Environment, 2019, 6 (2): 21-46.

[37] OAKER J, SAUDERS M. Education's most basic tools: access to textbooks and instructional materials in California's public schools [J]. Teachers College Recod, 2004 (10): 1967-1988.

[38] OZERBAS M A, ERDOGAN B H. The effect of the digital classroom on academic success and online technologies self-efficacy [J]. Journal of Educational Technology & Society, 2016, 19 (4): 203-212.

[39] ROSETH C J, JOHNSON D W, Johnson R T. Promoting early adolescents' achievement and peer rela tionships: the effects of cooperative, competitive, and in dividualistic goal structures [J]. Psychological Bulletin, 2008 (134): 223-46.

[40] ROWE E, KIM S, BAKER J, KAMPHAUS R, Horne A. Student personal perception of classroom climate: exploratory and confirmatory factor analyses [J]. Education and Psychological Measurement, 2010 (70): 858-879.

[41] SHERNOFF D, RUZEK E, SINHA S. The influence of the high school classroom environment on learning as mediated by student engagement [J]. School Psychology International, 2017 (38): 201- 218.

[42] SINGH H, REED G, SOFTWARE C. A white paper: achieving success with blended learning [R]. Centra Software Retrieved, 2001. DOI: 10.1001/jama.284.24.3187.

[43] SPADY W G. Outcome-based education: critical issues and answers [M]. Arlington, VA: American Association of School Administrators, 1994.

[44] TOBIA V, SACCHI S, CERINA V, MANCA S, FORNARA F. The influence of classroom seating arrangement on children's cognitive processes in primary school: the role of individual variables [J]. Current Psychology, 2022 (41): 6522-6533.

[45] WAN DEN BERG Y H, CILLESSEN A H. Peer status and classroom seating arrangements: a social relations analysis [J]. Journal of Experimental Child Psychology, 2015 (130): 19-34.

[46] VAN LIER L. The ecology and semiotics of language learning: a social cultural perspective [M]. Boston: Kluwer Academic Publishers, 2004.

[47] WALL GABRIELLE. The impact of physical design on student outcomes [M/OL]. 2016. Retrieved from https: //www.education.govt.nz/assets/Documents/Primary-Secondary/Property/Design/ Flexible-learning-spaces/FLS-The-impact-ofphysical-design-on-student-outcomes.pdf.

[48] WANNARKA R, RUHL K. Seating arrangements that promote positive academic and behavioural outcomes: a review of empirical research [J]. Support for Learning, 2008, 23 (2): 89-93.

[49] ZHANG L J. Appraising the role of written corrective feedback in EFL writing [A]. In Y. Leung, J. Katchen, S. Hwang & Y. Chen (eds.). Reconceptualizing English Language Teaching and Learning in the 21st Century [C]. Taipei: Crane Publishing, 2018: 134–146.

[50] 北京市教育委员会. 北京市教育委员会关于做好《统筹推进北京高等教育改革发展的若干意见》落实工作的通知 [A/OL]. (2018-08-10) [2024-01-10] .https: //jw.beijing.gov.cn/xxgk/zxxxgk/201808/t20180810_1447299.html#: ~: text.

[51] 才萌. 高校青年外语教师教学能力提升途径——以第十届“外教社杯”全国高校外语教学大赛为例 [J]. 天津职业技术师范大学学报，2021 (2): 74–78.

[52] 蔡基刚. 大学英语教学：回顾、反思和研究 [M]. 上海：复旦大学出版社，2006.

[53] 蔡基刚. 从日本高校大学英语教学看我国外语教学目标调整 [J]. 外语教学理论与实践，2012a, (3): 1–7.

[54] 蔡基刚. 关于大学英语课程设置与教学目标——兼考香港高校大学英语课程设置 [J]. 外语教学与研究，2011，43 (4): 609–617+641.

[55] 蔡基刚. 关于我国大学英语教学重新定位的思考 [J]. 外语教学与研究，2010，42 (4): 306–308.

[56] 蔡基刚. 全球化背景下我国大学英语教学目标定位再研究 [J]. 外语与外语教学，2012b, (3): 5–8.

[57] 曾姝. 全人教育视阈下的综合英语教学改革探析 [J]. 江苏外语教学研究，2019 (4): 12–14+25.

[58] 常红梅，叶秀娟. 新时代大学英语教学创新与实践 [J]. 北京教育

（高教），2022（4）：50–52.

［59］陈延潼．大学英语混合式学习共同体构建与实施［J］．当代外语研究，2023（5）：141–147+175.

［60］谌登峰．利用移动英语学习平台构建大学英语混合教学模式［J］．中国教育信息化，2013（10）：81–83.

［61］程京艳．基于 OBE 理念的大学英语课程体系综合评价研究［J］．外国语文，2023，39（5）：154–162.

［62］仇勇，刘建廷，李嘉伟．团队断层视角下高校人才配置与评价现状、特征与治理策略［J］．黑龙江高教研究，2023，41（1）：41–46.

［63］淳柳，郭月琴，王艳．“双一流”背景下基于 OBE 的研究生学术英语教学模式改革与实践——以中国石油大学（华东）为例［J］．学位与研究生教育，2021（5）：42–47.

［64］戴炜栋，胡文仲．中国外语教育发展研究［M］．上海：上海外语教育出版社，2009.

［65］戴炜栋．我国外语教育 70 年：传承与发展［J］．外语界，2019（4）：2–7.

［66］邓琴，贾巍，罗丽苹．外语类院校智慧教室需求模型探析［J］．中国教育信息化，2020（23）：28–33.

［67］董小玉，刘晓荷．新时代中华优秀传统文化进教材的理性审思［J］．教师教育学报，2022，9（2）：77–84.

［68］翟雪松，林莉兰．翻转课堂的学习者满意度影响因子分析——基于大学英语教学的实证研究［J］．中国电化教育，2014（4）：104–109+136.

［69］董艳，柯应根．应用型本科高校大学英语教学改革的定位研究［J］．江苏高教，2014（4）：99–100.

［70］端义镭．混合式教学模式下的二语动机干预研究［J］．外语教育研究前沿，2020，3（4）：49–56+91–92.

［71］樊湘军，关兴华．成果导向教育理论在英语口语翻转课堂中的实证研究［J］．中国教育学刊，2017，（S1）：232–235.

［72］高朝阳．应用型高校英语混合式教学效果分析［J］．山西财经大学学报，2021，43（S2）：175–178+195.

［73］高俊杰，刘小杏，祁艳晶．基于 OBE–POA 理念的新时代大学英语混合式金课设计策略［J］．中国教育技术装备，2021（20）：85–87.

［74］高巍，杨根博，蔡博文．高等学校四种线上教学模式效果比较研究［J］．黑龙江高教研究，2022（2）：155–160.

［75］顾佩华，胡文龙，林鹏，等．“基于学习产出”（OBE）的工程教育模式——汕头大学的实践与探索［J］．高等工程教育研究，2014（1）：27–37.

［76］管恩京，张鹤方，冯超，等．混合式教学有效性的实证研究——以山东理工大学的 68 门多学科课程为例［J］．现代教育技术，2020，30（3）：39–44.

［77］管漪．基于 iFIAS 的大学英语智慧课堂教学互动行为研究［J］．中国教育信息化，2020（11）：23–29.

［78］郭继东，牛睿欣．英语学习中的师生支持及其与学习成绩的关系研究［J］．外语与翻译，2017，24（1）：67–71+98.

［79］郭建鹏．翻转课堂与高校教学创新［M］．厦门：厦门大学出版社，2018.

［80］郭乃照，任雪清．网络环境下“学生为主体、教师为主导”大学英语教学模式研究［J］．教育理论与实践，2010，30（25）：50–52.

［81］郭英剑．对“新文科、大外语”时代外语教育几个重大问题的思考［J］．中国外语，2020，17（1）：4-12.

［82］国务院．国务院批转教育部面向 21 世纪教育振兴行动计划的通知［J］．中华人民共和国国务院公报，1999（2）：36-50.

［83］何克抗．从 Blending Learning 看教育技术理论的新发展（上）［J］．电化教育研究，2004a，（3）：1-6.

［84］何克抗．从 Blending Learning 看教育技术理论的新发展（下）［J］．电化教育研究，2004b，（4）：22-26.

［85］何莲珍．服务高教强国建设，重构大学外语课程体系［J］．外语界，2023（5）：2-7.

［86］何莲珍．新时代大学外语教学的新要求——《大学英语教学指南》修订依据与要点［J］．外语界，2020（4）：13-18.

［87］何莲珍．新时代大学外语教育的历史使命［J］．外语界，2019（1）：8-12.

［88］何英团，周远梅．探究式教学模式在大学英语教学中的应用研究［J］．现代教育技术，2010，20（11）：96-99.

［89］侯建军．基于混合学习的大学英语教学实践与研究［J］．电化教育研究，2010（5）：108-111.

［90］胡杰辉，胡加圣．大学外语教育信息化 70 年的理论与范式演进［J］．外语电化教学，2020（1）：17-23.

［91］胡杰辉．目标导向的大学英语课程体系研究［J］．中国外语，2014，11（6）：4-9.

［92］胡开宝，谢丽欣．我国大学英语教学的未来发展方向研究［J］．外语界，2014（3）：12-19.

［93］胡婷．虚拟现实与外语教育：优势、挑战与路径［J］．吉林教育学院学报，2022，38（7）：102–105.

［94］胡潇译，张欣．跨文化视域下全人教育思想及其实践［J］．吉首大学学报（社会科学版），2021，42（4）：116–122.

［95］黄春芳，张法连．“全人教育”理念指导下的法律翻译人才培养模式探索［J］．外国语文，2019，35（6）：11–15.

［96］黄建滨．第二届高等学校大学外语教学指导委员会工作会议在杭州召开［J］．外语界，1997（1）：2.

［97］黄荣怀，胡永斌，杨俊锋，等．智慧教室的概念及特征［J］．开放教育研究，2012，18（2）：22–27.

［98］黄荣怀．教育信息化助力当前教育变革：机遇与挑战［J］．中国电化教育，2011（1）：36–40.

［99］黄天娥，李兰皋．基于 Blackboard 网络教学平台的大学英语混合式教学模式探究［J］．教育理论与实践，2014（6）：55–57.

［100］黄莹，汪静静．大学英语教学中“全人教育”的践行［J］．安徽文学（下半月），2016（9）：148–149.

［101］季静静．应用型本科英语教学与学生专业能力培养的衔接［J］．教育与职业，2014（33）：122–123.

［102］贾巍，邓琴．新文科背景下外语智慧教学环境的现状与重构［J］．中国现代教育装备，2023（23）：105–108.

［103］贾雯，高兴雨．大学英语混合式学习探究社区模型研究——情感存在感与社会存在感的中介效应分析［J］．外语界，2023（4）：82–90.

［104］江苏外语教学研究．全国大学英语教学研讨会会议纪要［J］．江苏外语教学研究，1994（2）：91–92.

［105］姜波 .OBE：以结果为基础的教育［J］. 外国教育研究，2003（3）：35–37.

［106］姜晖 . 基于人际关系管理理论的高校英语教师课堂元话语研究［J］. 外语学刊，2020，215（4），45–50.

［107］姜霞，王雪梅 . 全球胜任力导向的"综合英语"OBE 教学模式建构［J］. 中国外语，2023，20（6）：4–10+16.

［108］蒋文昭 . 建构基于全人教育观念的教师角色：高校教学改革的一个视角［J］. 中国大学教学，2010（8）：36–38.

［109］蒋学清，周旗 . 基于扎根理论的应用型本科高校大学英语教师发展模型的思考［J］. 外国语文，2022，38（5）：142–151.

［110］蒋艳，胡加圣 . 基于 SPOC 的大学英语翻转课堂大规模教学运行机制研究［J］. 外语电化教学，2018（4）：9–15+29.

［111］蒋艳，马武林 . 论大学英语慕课建设应该避免的误区［J］. 外国语文，2018（1）：155–160.

［112］教育部，国家发展改革委，财政部 . 关于引导部分地方普通本科高校向应用型转变的指导意见：教发〔2015〕7 号［A/OL］.（2015–10–21）［2024–01–10］.http：//www.moe.gov.cn/srcsite/A03/moe_1892/moe_630/201511/t20151113_218942.html.

［113］教育部 . 关于申报大学英语教学改革扩展项目的通知［EB/OL］.（2004–07–22）［2024–01–10］.http：//www.moe.gov.cn/srcsite/A08/s7056/200407/t20040722_124641.html.

［114］教育部 . 关于申报大学英语教学改革示范点项目的通知［EB/OL］.（2005–09–26）［2024–01–10］.http：//www.moe.gov.cn/srcsite/A08/s7056/200509/t20050926_124753.html.

［115］教育部.教育部办公厅关于公布“新世纪网络课程建设工程”第一、二批项目验收结果的通知［EB/OL］.（2003-11-03）［2024-01-10］.http：//www.moe.gov.cn/srcsite/A07/moe_743/200311/t20031103_110188.html.

［116］教育部.教育部关于“十三五”时期高等学校设置工作的意见［EB/OL］.（2017-02-04）［2024-01-10］.http：//www.moe.gov.cn/srcsite/A03/s181/201702/t20170217_296529.htm.

［117］教育部.教育部关于加快建设高水平本科教育全面提高人才培养能力的意见［EB/OL］.（2018-10-08）［2024-01-10］.http：//www.moe.gov.cn/srcsite/A08/s7056/201810/t20181017_351887.html.

［118］教育部.教育部关于一流本科课程建设的实施意见［EB/OL］.（2019-10-24）［2024-01-10］.https：//www.gov.cn/gongbao/content/2020/content_5480494.html.

［119］教育部.教育部关于印发《关于加强高等学校本科教学工作提高教学质量的若干意见》的通知［EB/OL］.（2001-8-28）［2024-01-10］.http：//www.moe.gov.cn/s78/A08/gjs_left/s5664/moe_/t20100129_88633.html.

［120］教育部.《完善中华优秀传统文化教育指导纲要》印发［EB/OL］.（2014-04-11）［2024-01-10］.https：//www.gov.cn/xinwen/2014-04/01/content_2651154.htm.

［121］教育部.关于印发《教育部教材局2022年工作要点》的通知［EB/OL］.（2022-02-15）［2024-01-10］.http：//www.moe.gov.cn/s78/A26/tongzhi/202202/t20220216_599816.html.

［122］教育部高等教育司.大学英语课程教学要求（试行）［Z］.北京：高等教育出版社，2004.

［123］教育部高等学校大学外语教学指导委员会.大学英语教学指南

[M].北京：高等教育出版社，2020.

[124] 金晏旻，章国英，沈姝.从生态视角看混合学习应用于网上英语写作[J].开放教育研究，2012(6)：99-104.

[125] 郎佳，郭增卫.全人教育理论下的外语教育研究[J].内蒙古师范大学学报(教育科学版)，2017，30(4)：107-109.

[126] 黎宇珍，贾积有，蒋学清.国内大学英语混合式教学研究述评与展望(2001—2021)[J].外语电化教学，2022(3)：58-63+111.

[127] 李晨，梁茜露.混合式教学环境对大学生二语交际意愿影响的实证研究[J].西安外国语大学学报，2022，30(4)：64-68+80.

[128] 李海萍，郝显露.地方本科高校分类转型发展：进程、反思及其建议[J].湖南师范大学教育科学学报，2021，20(4)：104-112.

[129] 李会菊.OBE理念与翻转课堂结合下的大学英语教学模式改革研究[J].长春工程学院学报(社会科学版)，2016，17(4)：132-135.

[130] 李克东，赵建华.混合学习的原理与运用模式[J].电化教育研究，2004(7)：1-6.

[131] 李卿慧.基于智慧教室的学术英语多尺度教学方法重构[J].实验室研究与探索，2022，41(2)：233-238.

[132] 李湘萍.回归“人”的教育：论本科教育的使命与核心任务[J].高教探索，2021(4)：48-54.

[133] 李志义，王泽武.成果导向的课程教学设计[J].高教发展与评估，2021，37(3)：91-98+113.

[134] 李志义.成果导向的教学设计[J].中国大学教学，2015(3)：32-39.

[135] 李竹.从专业训练到全人培养：大学教育目的的迷失与回归[J].

江苏高教，2018（8）：52–55.

［136］梁文花，相孟薇，张超 . 我国大学英语混合式教学研究的历时与共时特征［J］. 外语电化教学，2022（2）：32–38+116.

［137］凌茜，马武林 . 基于 Web2.0 平台的大学英语混合式学习探究［J］. 教学研究，2009（6）：107–108.

［138］刘宝存 . 全人教育思潮的兴起与教育目标的转变［J］. 比较教育研究，2004（9）：17–22.

［139］刘东霞，于淑兰，滕越 . 全人教育观下高职英语教学实现人文素质培养的途径与方法［J］. 职业技术教育，2015，36（17）：48–51.

［140］刘军，周俊华 .OBE 理念下新时代应用型高校大学英语教材创新开发［J］. 中国大学教学，2022（10）：90–95.

［141］刘立伟，沈麟，徐鹏 . 技术调节大学外语教学模式比较——基于社会文化理论视角［J］. 宁波教育学院学报，2021（6）：59–63.

［142］刘晓红，牛睿欣，郭继东 . 英语学习师生支持及其与学习倦怠的关系［J］. 江西师范大学学报（哲学社会科学版），2020，53（5）：138–144.

［143］刘英 . 智慧教室环境下有效开展英语教学活动的案例研究［J］. 武汉职业技术学院学报，2019（2）：40–43+48.

［144］骆蓉 . 基于智慧教室的外语慕课混合教学模式研究［J］. 教育现代化，2019（A1）：129–131.

［145］吕林海，张红霞 . 中国研究型大学本科生学习参与的特征分析——基于 12 所中外研究型大学调查资料的比较［J］. 教育研究，2015，36（9）：51–63.

［146］吕文澎，侯晓蕾 . 基于混合学习理论的英语专业师范生多元识读能力培养的实践研究——以西北师范大学英语专业师范生为例［J］. 电化教

育研究，2012（5）：91–97.

［147］吕晓敏 . 基于 MOOC 的混合式教学模式在大学英语教学中的实践探索［J］. 外语电化教学，2021（1）：61–65.

［148］马涤尘 . 英语教学必须以学生为中心［J］. 西南师范大学学报（人文社会科学版），1986（S1）：19–23.

［149］马武林，张晓鹏 . 大学英语混合式学习模式研究与实践［J］. 外语电化教学，2011（5）：50–57.

［150］马之成，马武林 . 需求分析视阈下的地方应用型高校大学英语学习环境建构［J］. 外国语文，2019，35（6）：142–149.

［151］梅翠平，段国祥 . 基于混合式教学的地域文化教育创新途径——以英语专业跨课程的岭南文化教育为例［J］. 中国电化教育，2021（10）：120–125.

［152］孟彦莉 . 基于混合式教学的大学英语写作自我效能感培养研究［J］. 电化教育研究，2011（5）：96–101.

［153］牟占生，董博杰 . 基于 MOOC 的混合式学习模式研究——以 Coursera 平台为例［J］. 现代教育技术，2014（5）：73–74.

［154］裴霜霜 . 从教育哲学角度看改革时期大学英语课程目标和教学内容的设置［J］. 外语教学理论与实践，2015（4）：59–63+94.

［155］彭芬，金鲜花 . 高校混合式教学的研究主题、发展脉络与趋势分析——基于 citeSpace 的知识图谱研究［J］. 中国大学教学，2021（Z1）：100–105.

［156］彭明芳 . 全人教育思想理念下的高校课堂教学范式改革探析［J］. 中国成人教育，2014（10）：133–135.

［157］乔小六，吴中江 . 探索应用型本科院校大学英语教学新模式［J］.

江苏高教，2014（6）：97–99.

［158］邱瑜毅 . 智慧教室在大学英语翻转课堂中的运用实践 . 牡丹江教育学院学报，2021，226（7）：79–83.

［159］人民网 . 教育部高等教育司发布 2019 年十项工作要点［EB/OL］.（2019–4–26）［2024–01–10］.http：//edu.people.com.cn/n1/2019/0426/c1006-31052817.html.

［160］任庆梅 . 大学英语课堂环境构建及评价的现状调查与分析［J］. 外语界，2018b，（6）：44–52.

［161］任庆梅 . 大学英语有效课堂环境构建及评价的理论框架［J］. 外语教学与研究，2013（5）：732–743.

［162］任庆梅 . 大学英语有效课堂环境构建及评价的影响机制［J］. 外语教学与研究，2018a，50（5）：703–714+800.

［163］任庆梅 . 大学英语有效课堂环境构建与评价量表实证检测［J］. 教育研究，2016（4）：105–111.

［164］任庆梅 . 混合式教学环境下动机调控对大学英语课堂学习投入的影响研究［J］. 外语电化教学，2021（1）：44–50+60.

［165］任忠先，魏国丰，辛宗生，等 . 应用型本科创新实验室的建设与研究［J］. 黑龙江教育（理论与实践），2016（12）：18–19.

［166］阮晓蕾，詹全旺 . 混合式学习视域下的大学英语“线上 + 线下”课程建构行动研究［J］. 外语电化教学，2021（5）：101–106.

［167］邵钦瑜，何丽 . 基于网络与课堂混合环境下的大学英语合作学习模型构建及实证研究［J］. 外语电化教学，2014（2）：31–35+47.

［168］沈岚，李忠民 .OBE 为导向与双创项目融入相结合：“专业 + 外语”的思辨能力培养模式研究［J］. 成都大学学报（社会科学版），2017（6）：

104–109.

［169］束定芳．课堂教学目标设定与教学活动设计——基于第四届“外教社杯”全国高校外语教学大赛听说组比赛的分析［J］．外语界，2014（4）：54–61.

［170］束定芳．外语教学改革：问题与对策［M］．上海：上海外语教育出版社，2005.

［171］苏芃，李曼丽．基于 OBE 理念，构建通识教育课程教学与评估体系——以清华大学为例［J］．高等工程教育研究，2018（2）：129–135.

［172］孙本森．把教学活动转移到以学生为中心上来——谈普通理工科大学现阶段基础英语阅读课的教学［J］．福建外语，1986（3）：63–66.

［173］孙逢春．以学生为主体以教师为主导大力推进大学英语教学改革［J］．中国大学教学，2005（3）：52–54.

［174］孙咏梅，卢岩．量范畴视角下应用技术型高校大学英语课程体系转向［J］．黑龙江高教研究，2016（9）：148–151.

［175］孙云梅．大学综合英语课堂环境调查与研究［J］．外语教学与研究，2010（6）：438–444+481.

［176］泰勒．课程与教学的基本原理［M］．施良方，译．北京：人民教育出版社，1994.

［177］覃京燕，邓袁圆．基于虚拟现实的交互式数字教学模式研究［J］．教育与职业，2010（32）：177–179.

［178］田式国．英语教学理论与实践［M］．北京：高等教育出版社，2003.

［179］田腾飞，刘任露．OBE 认证理念下师范类专业的课程建设［J］．华南师范大学学报（社会科学版），2022（1）：41–52+205.

［180］汪潇潇，刘威童．基于 OBE 理念的 MOOC 课程设计与案例分析［J］．远程教育杂志，2017，35（6）：104–110.

［181］王安琪，隗雪燕，张庆华．智慧教室环境下的大学英语课堂教学活动——基于 7 名大学英语教师的个案研究［J］．现代教育技术，2021，31（10）：68–76.

［182］王安琪．大学英语教学中师生使用智慧教室的体验研究［J］．中国地质教育，2021，30（3）：95–99.

［183］王瑞芝，刘芝琳．影响提高外语教学质量的几个因素［J］．清华大学教育研究，2003（24 增 1）：5–8.

［184］王守仁．《大学英语教学指南》要点解读［J］．外语界，2016（3）：2–10.

［185］王守仁．继续推进和深化大学英语教学改革全面提高教学质量［J］．中国大学教学，2006（7）：57–59.

［186］王素，浦小松，张永军，等．中国中小学学习空间调查报告［R］．北京：中国教育科学研究院未来学校实验室，2022.

［187］王坦．论合作学习的基本理念［J］．教育研究，2002（2）：68–72.

［188］王文宇，王海啸，陈桦．构建具有校本特色的个性化大学英语课程体系［J］．中国外语，2018，15（4）：18–26.

［189］王小琴．英语课堂模式及其形成性评价构建［M］．北京：中国书籍出版社，2023.

［190］王晓晨，黄荣怀，王梦舒，等．智慧教室环境下的中小学课堂人际互动分析［J］．电化教育研究，2016（12）：111–116.

［191］王欣．MOOC 视域中的大学外语教学模式的路径选择［J］．黑龙江高教研究，2014（8）：157–159.

［192］王懿．混合学习对大学生英语写作水平的影响［J］．开放教育研究，2011（4）：81-87.

［193］王莹.Blending Learning 理念指导下的英语教学［J］．中国电化教育，2006（7）：67-69.

［194］王震静．学科智慧教学环境下高校英语专业课程教学创新与实践［J］．高教学刊，2023（36）：113-116.

［195］魏清．全人教育视野下的有效教学［M］．北京：社会科学文献出版社，2012.

［196］文秋芳．产出导向法：中国外语教育理论创新探索［M］．北京：外语教学与研究出版社，2020.

［197］文秋芳．大学英语教学中通用英语与专用英语之争：问题与对策［J］．外语与外语教学，2014（1）：1-8.

［198］文秋芳．构建“产出导向法”理论体系［J］．外语教学与研究，2015，47（4）：547-558+640.

［199］文秋芳．构建大学外语教材编写理论体系［J］．外国语（上海外国语大学学报），2023，46（6）：2-11.

［200］文秋芳．外语课堂教学创新研究的分类与论文撰写［J］．外语教育研究前沿，2023，6（1）：3-10+92.

［201］文旭，司卫国．从复合型人才培养到“全人”教育——对我国外语人才培养的再思考［J］．山东外语教学，2018，39（3）：50-60.

［202］文旭，文卫平，胡强，等．外语教育的新理念与新路径［J］．外语教学与研究，2020，52（1）：17-24.

［203］文旭，夏云．全人教育在外语教育中的现实化［J］．外语界，2014（5）：76-82.

［204］文旭．教单科，育全人——论专业外语教育中的全人教育［J］．中国外语教育，2014，7（3）：12–19+94.

［205］文旭．全人教育视域下的外语人才培养［C］// 李渝凤．当代外语教育．北京：外文出版社，2018：1–5.

［206］吴立保，谢安邦．全人教育理念下的大学教学改革［J］．现代大学教育，2008（1）：69–74+112.

［207］吴晓芳．中国应用型本科院校大学生的英语学习观念研究［D］．上海外国语大学，2020.

［208］吴岩．新使命大格局新文科大外语［J］．外语教育研究前沿，2019，2（2）：3–7+90.

［209］吴岩．锻造中国“金师”［EB/OL］．［2022–10–05］［2024–01–10］.http：// news.xjtu.edu.cn/info/1003/185643.htm.

［210］吴一安．优秀外语教师专业素质探究［J］．外语教学与研究（外国语文双月刊），2005（5）：199–205.

［211］吴智慧．基于智慧平台的英语混合式教学研究——以低成就英语学习者为例［J］．中国电化教育，2023（12）：121–127.

［212］夏纪梅．大学英语教学改革对教师的挑战：教师发展问题与对策［J］．中国外语，2007，4（2）：4–6.

［213］向明友．顺应新形势，推动大学英语课程体系建设——《大学英语教学指南》课程设置评注［J］．外语界，2020a，（4）：28–34.

［214］向明友．试论大学英语课程体系建设［J］．中国外语，2016，13（1）：4–9.

［215］向明友．新学科背景下大学外语教育改革刍议［J］．中国外语，2020b，17（1）：19–24.

［216］肖维青，赵璧．课程思政背景下的大学英语教材内容重构实践——以“大学英语课程思政数字资源包”建设项目为例［J］．外语界，2023（1）：57-65.

［217］肖艳君．“全人教育”理念下创新型外语人才培养研究［J］．开封教育学院学报，2018，38（8）：100-101.

［218］谢安邦，张东海．全人教育的缘起与思想理路［J］．全球教育展望，2007（11）：48-52.

［219］谢安邦，张东海．全人教育理念与和谐社会建设［M］．上海：华东师范大学出版社，2009.

［220］徐浩，濮实，单志斌．复语复合人才培养中的外语课程设计——以北京外国语大学北外学院为例［J］．外语教育研究前沿，2020，3（1）：3-7+86.

［221］徐锦芬，杨嘉琪．技术赋能外语合作学习研究的范围综述［J］．外语电化教学，2023（2）：42-48.

［222］严明．认证理念驱动下的商务英语专业能力培养研究——以《黑龙江大学商务英语专业教学要求》为例［J］．外语学刊，2019（3）：69-72.

［223］杨丹．大国语言战略：新时代外语教育的挑战与变革［J］．外语教学与研究，2024，56（1）：3-9.

［224］杨芳，魏兴，张文霞．大学英语混合式教学模式探析［J］．外语电化教学，2017（1）：21-28.

［225］杨芳，张欢瑞，张文霞．基于 MOOC 与雨课堂的混合式教学初探——以“生活英语听说”MOOC 与雨课堂的教学实践为例［J］．现代教育技术，2017，27（5）：33-39.

［226］杨惠中．大学英语四、六级考试十五年回顾［J］．外国语（上海

外国语大学学报），2003（3）：21–29.

［227］杨甜，文旭 . 从“自由”到“全人”——美国大学育人理念的嬗变及其对我国外语教学的启示［J］. 外语教学理论与实践，2017（2）：50–56.

［228］杨晓宏，等 . 生态学视域下教师信息化教学模式创新的动力机制［J］. 电化教育研究，2023（4）：101–109.

［229］杨亚辉 . 全人教育：培养全面发展的人的一种视角——“中国百年教育历程：回顾与展望研讨会”综述［J］. 中国高等教育，2010（12）：62.

［230］杨扬，冯志伟 .SPOC 混合式写作教学模式对大学生英语写作发展的影响研究［J］. 外语教学，2022，43（2）：67–73.

［231］杨永芳 . 混合式教学模式在电大开放英语教学中的运用［J］. 广西广播电视大学学报，2010（4）：28–32.

［232］姚小挺，冒玲玲 . 辅助外语教学的智慧教室功能设计研究［J］. 三门峡职业技术学院学报，2017，16（4）：133–137.

［233］叶譞，黄清贵 . 福建省应用型高校英语教师思辨能力调查及对策［J］. 西南交通大学学报（社会科学版），2017，18（1）：18–25.

［234］殷和素，严启刚 . 浅谈大学英语通识教育和专门用途英语教学的关系——兼论新一轮大学英语教学改革发展方向［J］. 外语电化教学，2011（1）：9–14.

［235］殷鸯，张生祥 . 基于成果导向的英语混合式教学重构设计［J］. 教学与管理，2019（18）：110–112.

［236］于夕真 . 英语教学模式的整合性研究［J］. 外语学刊，2007（2）：139–141.

［237］张丹 . 大学英语混合式金课的构建与实践研究［J］. 外语电化教

学，2021（1）：71–77+91+12.

［238］张殿恩，王蕴喆．慕课视域下外语微课设计与实践研究［J］．黑龙江高教研究，2018（11）：149–152.

［239］张殿恩，张秦玥．新时代背景下大学英语课程设计与实践探究——以北京联合大学为例［J］．唐山师范学院学报，2022，44（5）：127–130.

［240］张殿恩．外语口语慕课设计与实践研究——以“慕课英语 900 句”为例［J］．外语界，2015（4）：90–96.

［241］张海森，李艳．Blended Learning 与多媒体英语听力实验课程教学的实证研究［J］．外语电化教学，2006（6）：25–31.

［242］张虹，李会钦，何晓燕．我国高校本科英语教材存在的问题调查［J］．外语与外语教学，2021（1）：65–75.

［243］张虹，于睿．大学英语教材中华文化呈现研究［J］．外语教育研究前沿，2020，3（3）：42–48+91.

［244］张欢瑞，杨芳，张文霞．基于 MOOC 的混合式教学设计与实践——以“基础英语听说”课程为例［J］．现代教育技术，2018，28（12）：62–67.

［245］张力玮，罗建平．担当应用型高校时代使命，服务北京城市战略定位——访北京联合大学校长李学伟［J］．世界教育信息，2020，33（9）：9–15.

［246］张梅，何曦．混合式大学英语学习适应性调查研究［J］．外语电化教学，2020（4）：89–93+14.

［247］张男星，张炼，王新凤，等．理解 OBE：起源、核心与实践边界——兼议专业教育的范式转变［J］．高等工程教育研究，2020（3）：109–

115.

［248］张鹏 . 中外大学英语教材文化呈现比较研究［J］. 外语学刊，2023（4）：67–74.

［249］张欣 . 新文科、大外语与英语专业“全人教育”培养路径［J］. 外国语文，2020，36（5）：14–18.

［250］张学婷 . 全人教育视角下的大学英语教学研究［J］. 中国民航飞行学院学报，2016，27（3）：73–75+80.

［251］张悦，王燕萍 . 应用型高校英语专业教学改革研究［J］. 教育理论与实践，2024（12）：58–61.

［252］章艳乐 . 基于 BL 和 CL 理论的大学英语一体化学习模式实验研究［J］. 外语电化教学，2013（9）：16–23.

［253］赵俊亚 . 全人教育的优势及对高等教育的启示［J］. 教育与职业，2015（2）：170–171.

［254］赵庆红，徐锦芬 . 大学英语课堂环境与学生课堂行为的关系研究［J］. 外语与外语教学，2012（4）：66–69+74.

［255］赵世举 . 全球竞争中的国家语言能力［J］. 中国社会科学，2015（3）：105–118.

［256］郑大湖 . 基于需求分析的大学英语多元课程体系构建［J］. 外语界，2016（6）：49–56.

［257］郑新民，苏秋军 . 后 MOOC 时代大学英语教师混合教学策略与信念探究［J］. 外语电化教学，2020（2）：15–21.

［258］钟维 .TPACK 框架下《高级英语》课程微群与课堂混合教学的行动研究［J］. 外语电化教学，2014（9）：22–27.

［259］钟晓流 . 信息化环境中基于翻转课堂理念的教学设计研究［J］.

开放教育研究，2013（1）：58–64.

［260］周燕，张洁．学以致用：再谈大学英语教学目标的定位与实现［J］．外语与外语教学，2014（1）：22–26+35.

［261］周永胜，陈刚，宋祝，尹华玲．智慧语言实验室的概念、架构与建设研究［J］．现代教育技术，2022，32（8）：119–126.

［262］朱梅华．大学英语混合式教学研究——以华中师范大学为例［J］．外国语文研究，2016（8）：86–94.

［263］朱燕华，陈莉萍．大学英语智慧课堂教学评价指标体系构建［J］．外语电化教学，2020（4）：94–100+111.